轻叩档案之门

陈祖芬 著

上海交通大学出版社
SHANGHAI JIAO TONG UNIVERSITY PRESS

内容提要

本书以"识档""存档""护档""查档""用档""爱档"为线索,编排55个小故事,帮助读者正确认识档案,学会简单收集、整理、保管、保护档案,查阅档案,利用档案,直至爱上档案。全书寓知识于故事,通俗易懂,可作为档案科普读物供初中及以上文化水平的读者阅读。

图书在版编目(CIP)数据

轻叩档案之门 / 陈祖芬著.—上海:上海交通大学出版社,2023.5(2024.12重印)
ISBN 978-7-313-28328-3

Ⅰ.①轻… Ⅱ.①陈… Ⅲ.①档案工作—通俗读物 Ⅳ.①G27-49

中国国家版本馆CIP数据核字(2023)第035494号

轻叩档案之门
QING KOU DANGAN ZHI MEN

著　　者:陈祖芬
出版发行:上海交通大学出版社　　　　　　　　地　　址:上海市番禺路951号
邮政编码:200030　　　　　　　　　　　　　　电　　话:021-64071208
印　　制:上海盛通时代印刷有限公司　　　　　经　　销:全国新华书店
开　　本:710mm×1000mm　1/16　　　　　　印　　张:12.75
字　　数:174千字
版　　次:2023年5月第1版　　　　　　　　　印　　次:2024年12月第2次印刷
书　　号:ISBN 978-7-313-28328-3
定　　价:55.00元

目 录

第三篇　护档

第四篇　查档

第一篇

识 档

1. 档案神秘吗?

关键词

档案 档案意识

电影结束了,小亮还沉浸在电影的精彩片段里,久久不能自拔。这是一部谍战片,片中的几名特工为了得到一份绝密档案,真可谓煞费苦心,最吸引他的是多方势力为了得到那份档案使出浑身解数而带来的种种扣人心弦的情节。

"我家里要是有一份档案就好了。"想到这里,小亮突然想到自己在滨海市档案馆工作的妈妈。自己家里不一定有档案,但妈妈单位肯定有,要是知道了档案内容,自己不就像电影里的特工一样了。小亮越想越开心,迫不及待地去找正在厨房做饭的妈妈。

"妈妈,您见过档案吗?"还不等走进厨房,小亮的声音就先到了。只是这个奇怪的问题,把正在做饭的妈妈问住了。

"档案?妈妈的单位里有很多啊,你问这个做什么?"妈妈一边切菜,一边回答着小亮的问题。

"哇!那妈妈,您和您的同事就不担心特工把你们抓走,逼问你们档案的秘密吗?"小亮走进厨房,盯着妈妈问。

妈妈愣了一下,想起做饭前小亮正在看谍战片,似乎明白了什么,不禁笑了起来，在小亮耳边轻声说："那可不，你想看看档案吗？"

这个问题问得小亮的脸一下就红了，他双手紧握，呼吸都重了几分："我？可以吗？"

"当然可以。嘘，不要让别人知道，就在我房间床头柜第二层的抽屉里。"妈妈本想再多说一点，但实在担心笑场，便很快把小亮支走了。

"妈——"巨大的拖长音从卧室传来，妈妈露出"阴谋得逞"的"小表情"。

"抽屉里哪里有什么档案，只有咱家的相册！"小亮冲进厨房，手里还拿着一本家庭相册。

"我哪里骗你了，你刚才说的可是档案，又不是绝密档案。"妈妈忍着笑。

"可是……就算不是绝密档案，它的内容不也应该是很重要的吗？不然为什么那么神秘？"小亮还是有点不解。

"你说得没错，档案的内容是挺重要的，包括你手上这份家庭相册，对咱们家来说，就是很重要的档案，但是档案并不神秘呀！"

"哦？"小亮突然对档案有了好奇心。

"档案是指国家机构、社会组织或个人在社会活动中直接形成的有价值的各种形式的历史纪录。"妈妈见小亮有了兴趣，干脆放下了手里的厨具，开启了"档案小课堂"。

"那妈妈现在来考考你，咱们家算不算国家机构、社会组织或个人中的一类呢？"

"当然算了。"这道题没有什么难度，小亮回答得很快。

"那这份相册，是不是咱们直接形成的呢？"妈妈又问道。

"是，那是咱们家在各种活动中一张一张拍出来的。"小亮思考了一下，回答道。

"那它对咱们家有没有价值呢？还有，它是不是历史纪录呢？"妈妈看着正在思考的小亮，觉得有些欣慰。

"是的，所以它是档案！"这个问题小亮想了好一会儿，才敢回答。

"没错，不愧是我儿子，今晚奖励你吃鸡腿！"

"可是，如果真是这样，爸爸的图纸、爷爷保存的信件，甚至奶奶买菜记账的账本，都可以算是档案吗？"小亮似乎还是有些疑惑："那档案岂不是随处可见，根本没有那么重要嘛！"

看着有些失落的小亮，妈妈摸了摸小亮的头说："档案是人们生活、工作的直接原始记录，只要是有价值的就值得保存。爸爸的图纸是爸爸工作的重要记录，爷爷的信件是爷爷的重要回忆，奶奶的账本更是奶奶买菜的重要凭证，这本相册记录着我们家庭的过往，你觉得有价值吗？"

"那也是，只要当事人认为有价值，它就值得保存。从这个角度看，它还真不神秘。"小亮似乎想通了。

"没错，它随处可在，一直都在我们身边，记录着我们的生活和工作点滴。"

"妈，我不要大鸡腿了！"

"哦？那你想要什么？"

"我要您带我去档案馆看一看，我要亲手叩开档案之门！"

考考你

这些是档案吗？

1. 小亮爸爸交给单位的工程图纸

2. 小亮妈妈20年前的照片

3. 小亮爷爷看的报纸

4. 小亮奶奶的菜谱

5. 小亮表姐的入团申请书

6. 小亮堂妹的成绩单

7. 小亮家的电器保修单

8. 小亮的荣誉证书

9. 小亮姑姑10年前的数学笔记

10. 小亮舅舅家保存的50年前的侨批

2. 丰富多彩的档案

前几天小亮去参观滨海市档案馆了，他对馆里保存的档案很好奇。"妈，您那天说，不只档案馆里有档案，各种社会组织、个人手上也有很多档案，那天底下这么多档案，应该都不一样吧？"

"是的，档案的确很丰富，各式各样的都有。在档案管理人员那里，档案们都乖乖待在它们应该待的地方，你想了解一下档案的种类吗？"

"好啊，愿闻其详。"

"哟，今天这词用得不错，妈妈先给你点个赞。"

下面，我们就和小亮一起逛逛档案大观园吧！

按照档案形成者的不同，可以把档案划分为国家机关档案、社会组织档案、企业档案、事业单位档案、家庭档案和个人档案等。所谓公私分明，在档案中也是有体现的。

按照内容性质，可以把档案划分为文书档案、人事档案、诉讼档案、会计档案、科技档案、军事档案、外交档案、司法档案、经济档案和工商企业登记档案等。此外，也可以划分为教学档案、艺术档案、书稿档案、病历档案、人口普查档案、地名档案、城建档案、商标档案、专利档案、房地产档案、金融档案、涉外项目档案和宗教档案等。社会上每一个部门、每项事业的工作内容不同，形成的档案内容性质也不相同。

按照档案所属时期的不同，可以划分为历史档案与现行档案，也可分为古代档案、近代档案、现代档案。档案是不同历史时期的产物，这种划分有利于对档案时代特点的认识。我国档案机构还有一种官方分法，就是把档案分成中华人民共和国成立后档案（1949年10月1日之后的档案）、革命历史档案（1949年10月1日之前由中国共产党及其所领导的军队、政权、企事业单位、社团等社会组织及个人所形成的档案）和旧政权档案（1949年10月1日之前，除革命历史档案以外的所有归国家所有的档案），在管理时，简化为"建""革""旧"三个字头。

按照档案来源形式的不同，可以划分为公文、信函、图表、电报、记录、统计表、计划、总结、户籍、账册、契约、合同、证书、书稿、日记、照片、笔记、家谱和遗嘱等。看，这么说，大家在日常工作和生活中留存下来的很多记录都是档案大家庭的成员呢！

"这么多哪里记得清，真是受不了。"小亮开始抗议了。妈妈说："多谢小亮的认真听讲。"

链接

三大档案门类

在了解档案的种类时，我们还得知道一种特殊分类情况，这种分类虽然在逻辑上有点问题，但因为很符合实际情况，所以用得特别普遍。那就是把档案分成三大门类：文书档案、科技档案和专门档案。在综合性的档案室或档案馆里，人们对所有档案的第一层区分就是这样的。

文书档案，是指行政管理档案，就是社会的行政管理活动中直接形成的一种档案门类，强调其行政性、政治性。

科技档案，是指人们在科技、生产活动中直接形成的，它也是档案家族中的一个重要门类，比如图纸、设计任务书、研究报告等。

专门档案，是指人们通过创造性的劳动选择并保存下来，以备查考的各种专门文件。它们大多是在专业性的活动中形成的，比如会计档案、人事档案、诉讼档案、病历档案、婚姻登记和工商注册登记档案等，这些档案虽然也有明显的行政管理性质，但是它们与主要由官方正式文件转化而来的文书档案相比，毕竟有所不同，具有比较强的独立性和规律性，所以，一般单位都是单独管理这些专门档案的。

有的单位甚至直接按这几个门类区分不同的档案室。比如文书档案室、科技档案室、人事档案室、会计档案室等。

3. 经典永流传

艺术档案　归档范围

电视里正在播放一档关于世界记忆名录的节目，此时正在介绍中国传统音乐录音档案。

听着主持人的介绍，小亮不由赞叹："妈妈，您说得对。档案真是种类繁多，居然连传统音乐都能保存，那电影作品也可以算档案了？"

"电影作品可不是档案。不过一部电影在生产、创作、发行、放映的过程形成的文字、图片、素材等，都是要被收集和保存的档案！"妈妈端来一杯牛奶递给小亮。

"这类档案也是有名字的，前两天你去档案馆的时候，我跟你说过的，现在还想得起来吗？答对有奖哦！"妈妈也来了兴致，走到沙发前坐下来问小亮。

"艺术档案！"小亮想了一会，喊出这个名称。"这样的话，是不是不只电影、音乐，只要是跟艺术创作相关的文件，都可以算是艺术档案呀？"还不等妈妈说答案是否正确，小亮又提出了新问题。

"那是自然，《艺术档案管理办法》指出，艺术档案是指文化艺术单位和艺术工作者在艺术创作、艺术演出、艺术教育、艺术研究、文化交流、社会文化等工作和活动中形成的，对国家和社会有保存价值的各种文字、图表、声像、实物等不同形式的历史纪录，是宝贵的文化遗产。艺术档案工作是文化工作的重要组成部分，也是国家档案工作的组成部分。它可不只有电影、音乐。"

"艺术档案的归档范围包括：文学创作，艺术表演，美术、摄影，社会文化，艺术研究，艺术教育，文化交流，个人艺术等活动中形成的具有保存价值的各种艺术材料。"妈妈滔滔不绝地介绍着。

"那戏单算不算艺术档案？"小亮问。

"你说呢？"妈妈反问道。

"我觉得算，因为它是在艺术演出活动中形成的历史纪录，是演出活动的举行凭证。"小亮想了想，自信地说。

"不错，小亮说得对。艺术档案反映了艺术创作者的精神劳动成果，是对当时社会生活的反映，具有很高的保存价值，也具有形象性、多样性和成套性的特点，虽然种类、载体繁多，但是每一项艺术业务活动形成的档案却是一个整体，相关文件之间相互联系，不可分割。应该说，戏单是一台演出所有相关记录不可分割的一部分。"妈妈充分肯定了小亮的判断，并进一步解释。

"怪不得中国传统音乐档案可以进入世界记忆名录，原来艺术档案这么重要啊！有了艺术档案，经典就可以永流传啦！"小亮一边记录，一边感叹。

图说

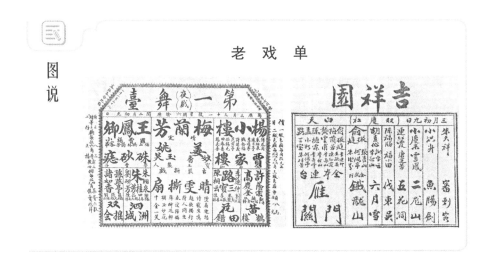

老 戏 单

4. 变身

"昨天下乡，看见一堆文物没人接收，档案馆是不是也可以收啊？"晚饭后，邻居雯姐在楼下散步，刚好遇到小亮和亮妈，便来咨询。

"那要看是什么样的文物。文物和档案是有些关联，但文物不等于档案。有句话是这么说的：所有的档案都有可能变成文物，但并不是所有的文物都能变成档案。"

"哇，档案还能变身呀？"小亮冒出这么一句。

"没错，这个可能性还是有的。小亮同学的想象力还挺丰富嘛。"

"你们都去过博物馆吧？"

"去过啊。滨海市博物馆不就在山水公园旁边吗？那里有很多老古董，什么碗啊盆啊的。"雯姐记得还挺清楚。

"对，这些都是文物，有没见过文件？"

"见过，上次去中国人民革命军事博物馆，我就见过早年红军的文件。"小亮抢着说。

"这就对了，你们看，档案是不是可能变成文物？因为文物是人类在社会活动中遗留下来的具有历史、艺术、科学价值的东西。我们平时比较熟悉的一般是过去人们直接使用的实用性物品，如器具、衣服、建筑物等。"

"我知道了，因为档案是前辈遗留下来的具有历史价值的物件，所以当然有可能成为文物。"雯姐反应也很快。

"是的，准确地说，既有原始记录作用又有突出历史文化价值的档案可以作为文物被收藏。"

"那为什么不是所有文物都能变成档案？"

"因为大部分文物是实用性物品，多数文物并不具备原始记录性，没有用文字记录历史，而只有能对历史事实有原始记录的物件才可称档案。档案中有一类'实物档案'，其确立标准也是以所记录内容的明确性为依据的。一般而言，只有那些自身带有文字的实物——如公章或印章、锦旗、奖杯、标牌、钱币、带字的旗帜、牌匾等——才可成为实物档案被档案部门收藏，而无文字的衣物、器具是不能成为实物档案的。若有较高的文化价值，可作为文物被博物馆等文物部门收藏。"

"明白了！"雯姐和小亮齐声说。

档案与相关事物的概念关系

链接

1. 档案与信息

信息对人类社会的作用虽然日益重要，但目前人们对信息的理性认识依然存在许多不同的学术观点。对于信息的根本性问题，人们并未真正弄清楚。人们对信息只是在最宽泛的意义上有着基本的共识。档案是人类社会的一种重要信息资源，已成为共识。

2. 档案与文献

文献是记录知识的一切载体。文献与档案的区别是：一是本质不同。档案是社会实践的原始记录，是一次文献，是第一手的原生信息；文献则不论是否是原始记录，非原始记录性的信息记录也可成为文献。二是文献注重历史文化

价值；档案则既注重历史文化价值又注重现实性的查考、实用价值。三是文献内容一般较系统、完整，而档案则包括大量片段性的零星记录，如发票、账单、表单等。

3. 档案与图书

图书是就某一主题编辑加工而成的，加工程度较高，比较系统，目的是传播知识。档案是在社会实践形成的，是一种原始记录，比较

零散，目的是解决现实需要。图书可以大批量印刷，可以分别存放于不同的地点，为不同的读者分别拥有；记载某一社会活动的档案一般只有一件，保存在某一场所。

4. 档案与资料

资料是对人们解决、研究问题有一定价值的相关信息。档案与资料的区别如下：档案是第一手记录，资料一般是从外部搜集来的。档案具有依据和凭证作用；资料一般供

人们工作、学习参考，不能作为凭证。档案不完全公开，有些具有一定的机密性；一般资料可公开交流，机密程度较低。档案与资料有时也可以互相转化，档案经加工可编印成资料，如政策、法规汇编等。资料如被某一个单位采用，也可以转化为该单位的档案。

刘永主编：《档案学概论》，河南人民出版社，2006年

5. 成长档案

关 键 词

成长档案　家庭档案

今天是小亮 16 岁的生日，可整个白天小亮都在嘀咕：往年爸妈一大早就把生日礼物放在自己床头了，今年是怎么了，这都要到最重要的晚餐时间了，爸妈的礼物怎么还不出现。不会忘了吧？我得去问问。不行，不能问，那会显得我对爸妈不信任。应该不至于，老妈下班一到家，就已经在厨房忙开了，显然很重视我的生日。

终于挨到老妈从厨房走出来，小亮特意看了妈妈两眼。妈妈大概猜出了小亮的心思，笑而不语。

爸爸回家了，小亮的生日晚宴拉开帷幕。

"噔噔噔——"小亮的礼物终于闪亮登场，妈妈从房间捧出一盒包装精美的礼物。

"小亮，猜!"妈妈兴奋地说。

"小亮，拆!"爸爸狡黠地冲小亮使了个眼色。

小亮扑了过去，迫不及待地拆开包装。

礼物打开了，封面有两排脚印，上方写着"成长档案"几个字，原来是成长档案啊，小亮还真是没想到。这份成长档案装了三大盒，还附了一张光盘。妈妈说，这份礼物也有爷爷、奶奶和爸爸的功劳，妈妈指导爷爷、奶奶收集，妈妈整理，封面由爸爸题字。原来是全家智慧的结晶，真不容易！

小亮的成长档案，总体上按照学龄前、小学、初中分成三盒，打开档案盒，里面有成长日记、上幼儿园时做的手工、小亮画的第一张真正意义上的画、不同时期的作业本、获奖的书法作品、发表的第一篇作文、不同时期的奖状、有纪念意义的照片、毕业证书……

光盘里的档案以照片、音频、视频为主。里面存有小亮从小到大拍摄的所有照片，小亮小时候的哭声、笑声、呼唤亲人的声音，还有小亮8个月时爬行的动作、1岁学走路的样子、朗读课文、弹钢琴、参加联欢会的照片，全家人旅游的影像等。实在是太丰富啦！

妈妈还把小亮从小到大每年在家门口榕树下拍的照片洗了出来，看着这些照片，岁月的流逝一目了然。爷爷、奶奶不禁感叹："光阴似箭，日月如梭啊！""儿子，珍惜少年时吧！"爸爸的教导趁势而入。不过，这些话今天在小亮看来，竟然可以接受。

这份礼物的确让小亮感动了一番。一为大人们这么多年来的细心留存，二为全家齐动手在百忙之中的精心整理。他决心好好珍藏这份成长档案，对于有纪念意义的资料，他以后也要像妈妈这样用心地保存和整理起来。一家人就翻阅着这些代表美好回忆的资料，氛围温馨。妈妈说："10年、20年、更多年之后，它们最终会成为我们家永远的记忆。小亮，如果这种整理档案的做法能代代相传，我们的家庭档案就会慢慢丰富，发展为家族档案，这样的家族档案同样能见证社会历史的沧桑变化。对于一个国家、一个民族而言，千家万户的家庭史、家族史就是社会历史的缩影。"

金匙

婴幼儿成长档案归档范围

婴幼儿是人生的第一个阶段，年轻的父母都非常重视，下面提供的成长档案归档范围可供参考，操作时，朋友们可以自行选择：

（一）计划生育材料

1. 准生证

2. 优生优育知识材料

（二）胎儿诞生及发育成长材料

1. 妊娠确诊材料

2. 母子保健手册

3. 妊娠日记

4. 胎教记录

5. 胎儿B超检查材料

6. 产妇产前照片

（三）婴儿出生档案

1. 出生记录

2. 出生医学证明

3. 出生纪念册（自行设计制作）

（四）婴幼保健档案

1. 儿童保健手册：新生儿访视记录，母乳喂养指导记录，3个月、6个月、9个月、12个月婴儿体格检查记录，1岁半、2岁、3岁、4岁、5岁、6岁儿童体格检查记录，儿童入托体检表

2. 儿童预防接种证

3. 门诊病历及各种检查材料

4.过敏史记录

（五）婴幼教育档案

1.婴儿教育记录材料

2.入托儿所、幼儿园形成的材料：托儿所的名称；托儿所的地址；入托时间；所在班的保育员；初次入所的反应；入托期间的表现；其他有关材料

3.入幼儿园方面的材料：幼儿园的名称；幼儿园的地址；入园时间；初次入园反应；入园后的历届老师；入园收费情况；幼儿园的材料、读物；绘画、手工、纸工方面有纪念意义的作业；各种游览、比赛、学习活动中形成的有纪念意义的材料；获得的各种奖励材料；离园纪念材料（如毕业证书、老师及家长赠言、小朋友合影、签名及通信地址、幼儿的笔迹等）

（六）婴幼音像档案

1.婴幼儿的照片：出生照，满月、百日照，周岁、生日照，若干"第一次"照，童颜童趣照，重要活动照，亲情照，定点定时照

2.录音：婴儿笑声、说话声、唱歌声、哭叫声、背诵诗句声等

3.录像

（七）其他档案材料

1.婴幼儿日记

2.婴幼儿的爱好特长记录

3.婴幼儿成长大事记

4.婴幼儿玩具、学习用品记录

5.独生子女证

6. 皇帝穿什么?

中国第一历史档案馆　　清宫档案　　穿戴档

最近，雯姐带小亮参加了一个角色扮演（cosplay）的古装秀，回来后小亮的心情久久不能平静，一直激动地跟爸爸妈妈描绘当时的场面。

妈妈看小亮对古装这么感兴趣，就神秘地问道："小亮，你想知道以前皇帝穿什么吗？"

"想啊，当然想啊！"小亮急忙回答。

于是，妈妈便同小亮聊起清宫穿戴档。清宫穿戴档是专门记录当朝皇帝一年四季穿着服饰的档案资料，现存从清初到清末共280多册（包括衣服档、包袱档）。原稿为簿册，分年装订。每年正月初一立，逐日记载。这些档案目前保存在中国第一历史档案馆。清宫穿戴档由宫中太监记录，详细真实地反映了皇帝服饰的穿着时间、场合以及穿戴方式。

"我们来看看皇帝穿什么衣服吧！"妈妈找来一本书，给小亮介绍了起来："今天刚好是端午节，咱们先看看两百多年前的今天，乾隆皇帝穿什么？"

乾隆二十一年（1756年）的穿戴档中记载了当天皇帝出发时的穿着："端阳令节，是日斗龙舟。是日请皇太后。戴得勒苏草拆纻缨冠代艾尖，穿酱色袷纱袍，红青袷纱绣二色金四团金龙褂，有拴黄马尾金刚石寻常鞓带，拴纳纱龙舟珊瑚云大荷包、五毒小荷包、龙舟船小荷包，雕伽楠香数珠，白布绵繐，纺丝单套裤，青缎凉裹皂靴。"

接着，档案记载："乘四人亮轿至闸口门内等着接皇太后，一同乘船至万方安和。俸早膳毕，乘船至寿山口码头，乘四人亮轿至勤政殿。办事毕，乘船至望瀛洲，率王公大人等看斗龙舟毕。至同乐园，数珠下来，换酱色实地单纱袍、红青实地单纱褂，仍系金刚石寻常鞓带，至进晚膳后，乘船至金鱼池喂鱼毕，回至九州清晏讫。"

"妈妈，我刚才跟您一起读了这段文字，发现这一天皇帝好忙啊，他一共去了七个地方，换了一两身衣服呢！不过这些地方在故宫吗，我好像都没怎么听说过呢？"

"小亮很细心。这些地方还真不在故宫，而是在圆明园。刚才这一段是乾隆二十一年的事，那一年农历有闰月，所以全年有393天。乾隆皇帝有66天在热河行宫和木兰围场，54天在曲阜，105天在宫中，168天在圆明园。乾隆二十一年五月初五这一天，皇帝是在圆明园过的端午节。"

"原来是这样啊，可惜啊，我们现在已经看不到圆明园的这些景象了！"小亮若有所思地说道。

"是啊，希望圆明园的历史遗憾与耻辱不要再有。言归正传，应该说清代帝王服饰是中国历史上极具代表性的服饰，其纹样等级森严，图案繁缛华丽。服饰是帝王至高无上地位的象征之一，可以说皇权思想在服饰中得到了充分体现。我手上的这本书里还有咸丰四年（1854年）的穿戴档记载。你看，正月初一，咸丰皇帝穿着黄缂丝面黑狐膁金龙袍，配上黄面黑狐皮芝麻花褂去看戏。正月初二，咸丰皇帝去祭新月神，穿的是黄缂丝面青白膁金龙袍和石青缂丝面黑狐膁金龙褂。正月初四，咸丰皇帝去坤宁宫还愿，他穿了蓝缂丝面天马皮金龙袍和石青缂丝面乌云豹金龙褂。正月十五元宵来临，咸丰皇帝盛装出场，他穿了黄缂丝二色金面黑狐膁金龙袍和石青缂丝面貂皮金龙褂。"

"哇，果然相当讲究啊！"小亮惊叹道。

"北京故宫博物院收藏了许多清代龙袍，今年暑假妈妈带你去好好看一看。"

"好耶！妈妈，我爱你！"小亮高兴得跳了起来。

链接

清宫档案知多少？

中国第一历史档案馆保管的明清历史档案有1 000余万件（册），其中明代档案3 000多件，其余绝大多数为清代档案。馆藏档案中，汉文档案约占80%，满文档案约占20%，蒙文档案5万多件（册），还有少量其他民族文字的档案以及英、法、德、俄、日等外文档案。

清宫档案里，有皇帝的圣旨——制、诏诰、敕、谕、旨、朱批；有中央和地方官员通过官方驿站呈交的报告——题本；有皇帝亲自授权的大臣、家奴派家人直接送交皇帝的秘密报告——奏折；有年年纂修，每10年一大修，200多年传承不息，准确记录20多万人生老病死、婚丧嫁娶的皇家族谱——玉牒；有历代大案、要案的审讯记录；有历代贡士们撰写的试卷以及宣示高中进士名单的大小金榜；有京中与地方官员升迁考核的履历单片；有200余年连续不断的全国各省府州县官员报告本地或本人出差所经之地的雨雪粮价清单；有记录皇帝每天活动情况的起居注；有记录皇帝每日两餐饭菜名称的膳单、膳底档；有每日因不同时间、不同地点、不同活动而更换服饰的穿戴档；有皇帝、后妃、皇子、公主看病的脉案、服药用药底簿；有皇帝的御制诗集、宫中演戏的戏单、宫中饲养的猫狗等宠物的名单等。

邹爱莲：《中国第一历史档案馆所存清代档案基本情况调查报告》

7. 全宗是什么？

关 键 词

全宗 立档单位 全宗的类型 来源原则

6月9日国际档案日终于到了，妈妈所在的档案馆采纳了小亮的参观建议。一大早，同学们就来到档案馆。大家第一次来，看什么都新鲜。亮妈讲解，档案馆还组织了互动游戏，气氛十分热烈。

在参观库房时，一位细心的同学突然指着张贴在门边的档案馆馆藏全宗目录问亮妈："什么是'全宗'啊？"小亮闻声一看，最先提问的是班上的学霸静宜。小亮暗想："果然是学霸，第一次来就能发现问题，抓住关键。我来好几次了，怎么从没想过问老妈这个问题。"紧接着，同学们也议论纷纷。"怎么从来没见过这个词？""'全宗'是什么呀？"

"是不是'全部卷宗'的意思？"张立同学立刻从字面上猜了猜。

"前面那位同学的问题提得好，这位同学的回答很不错，已经很接近真正的意思了。大家别急啊，阿姨从头讲起吧！全宗这个概念最早是从法国'进口'的，法文中用的是fond一词。fond原意是土地、资金、基金等，也有非物质的财富、资源的意思。法国用fond作为档案馆内档案分类的原则和方法。中华人民共和国成立之初，中国的档案管理经验相当欠缺，就大量学习西方的管理方法，也引进了法文的fond，当时中国音译为

'芬特'。由于音译词不好理解，1955年以后，国家档案局就下发通知，统一使用'全宗'的称呼。"

"那为什么要改为'全宗'，而不是别的名称？"

"在汉语中，'宗'字有祖辈、族系以及类别、批量等意思，很多人都关心自己是从哪里来的，管理档案的人也很关心档案是从哪里来的。于是，档案管理人员就把相关事件的一组文件称为一个卷宗。刚才一位同学说'全宗'就是'全部卷宗'的意思，我觉得从字面上讲，他的理解是对的。'全宗'就是'全部卷宗'的缩写。当然，读书不能不求甚解，还得知道'全宗'的真正意思：它是指一个独立的机关、组织或人物在社会活动中形成的全部档案的有机整体。一个独立的机关、组织或人物就是一个立档单位，在档案馆里，同一个立档单位的档案是一个整体，有专属的全宗号。大家在刚才的全宗介绍里，可以看到我们档案馆保存了哪些单位的档案。全宗原则也是我国档案管理的重要原则，大概意思就是在档案分类、整理、保管等管理活动中，要特别注意尊重档案的来源。所以，全宗原则同来源原则是一脉相承的，这个原则至今仍然是世界各国档案整理工作的基本原则。"

"那我们在档案管理中要怎么运用这个原则呢？"静宜真是打破砂锅问到底啊！

"同学，真抱歉，这就说来话长了，简单地讲，就是在档案整理、鉴定、保管等档案管理的各环节都要尊重全宗、尊重来源，不能人为割裂有机联系。今天讲解肯定是来不及了，有兴趣的话，阿姨先送本书给你看，看完还有问题的话再问阿姨好吗？"亮妈在书架上取了一本书说："同学，你今天发言最积极，这本书就作为奖品送给你啦！"

"哇，太好啦！谢谢阿姨！"静宜开心极了。

某档案馆馆藏全宗目录

全宗号	全宗名称	案卷数（件）
1	中共**市委	4 368
2	**市人民政府	3 018
3	**市革委	779
4	**市人大	789
5	**市政协	249
6	**市监委	13
7	**市总工会	91
8	**市团市委	244
9	**市工商联	173
10	**市精简办公室	4
11	**市"打经办"	17
12	**市委社教办	82
13	**市文联	8
14	**市信访办	10
15	**市晚报社	29
16	**市委政研室	8
17	**市委党史办	16
18	**市委宣传部	19
19	**市委统战部	16
20	**市纪检委	21
21	**市妇联	331

金匙

关于全宗的问答

问：全宗有哪些类型？

答：我国主要以两种角度划分全宗的类型，一是按照全宗形成者区分为机关组织全宗和人物全宗；二是按照全宗的范围和机构方式分为独立全宗、联合全宗、全宗汇集和档案汇集。

问：独立全宗、联合全宗、全宗汇集和档案汇集分别是什么意思？

答：独立全宗是指一个独立的机关、组织或人物在社会活动中形成的全部档案有机整体。

联合全宗是两个或两个以上立档单位形成的互有联系而不易区分全宗的档案构成的全宗。

全宗汇集是若干个立档单位形成的、可以区分全宗但数量很少的具有某些相同特征和联系的档案构成的全宗。

档案汇集是用人为方法将不在其所属全宗残缺不全的文件，按照一定特点集中起来的混合体。

陈兆祦、和宝荣、王英玮：《档案管理学基础（第三版）》，中国人民大学出版社，2005年

8. 我要出名！

名人全宗　名人档案

"小亮，过来看，这是毛主席中学时写的作文，还是手稿呢。"

手稿？这年头，手写的东西还真是少见。小亮感兴趣的不是作文，而是手写字迹。妈妈前几天去北京出差，去了中央档案馆。她说，中央档案馆有一层库房专门保存毛主席的个人档案。

果然，妈妈手机里有一张毛主席中学时的作文手稿照片。据说，这是目前所见唯一一篇毛泽东中学时代的作文手稿。1912年春，刚满18岁的毛泽东以第一名的成绩考入湖南省立高等中学学习。同年6月，学校举行了一次作文大赛，毛泽东以《商鞅徙木立信论》获得第一名。这是一篇文言文，早有人把这篇作文整理出来，并附了译文。

"这么久远的手稿怎么能保存到今天？当时毛主席还只是一名中学生啊！"小亮问妈妈。

"你问得好，没错，毛泽东成为名人后，中央档案馆保存他的手稿自然容易，但是中学时的手稿得通过征集、寻访才能找到。也就是说，只有当一个人对国家和社会有重要贡献，而且能收集到的个人档案（不包括其在公务活动中形成的档案）数量还比较大时，档案馆才会考虑专门为他建立档案，一般我们称之为名人全宗。"

"名人全宗？也就是说它的地位跟一个单位档案的地位是差不多的？"

"对，它们有独立的全宗号，属于人物全宗，与机构全宗只有类型上的不同，没有地位的不同。"

名人全宗这么牛啊，果然名人就是不一样啊！是啊，除了像毛泽东这样的伟人有个人全宗，还有好多社会知名人物也有呢！不少地方档案馆就根据地方特色做了一些名人全宗。例如，江苏省淮阴市档案馆就建立了宋长荣个人全宗，宋长荣是著名的京剧表演艺术家，曾任淮阴市京剧团团长，因在著名京剧《红娘》中扮演红娘而一炮走红，是我国京剧"四大名旦"之一荀慧生的嫡传弟子，他去世前是国内唯一的荀派男旦；又如，南开大学档案馆建立了我国率先开展有机磷化学及农药化学研究的陈茹玉院士的个人全宗。

当然，如果收集的名人档案数量不大，难以形成独立全宗，那么档案馆还可以用联合全宗、全宗汇集或档案汇集等形式管理名人档案。

图说

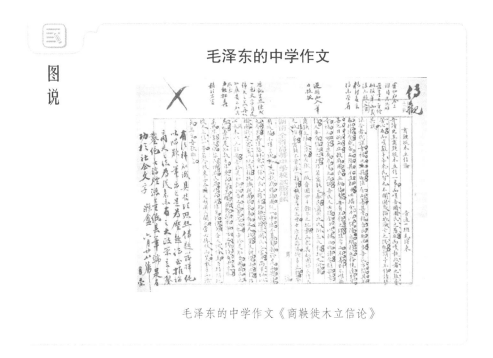

毛泽东的中学作文

毛泽东的中学作文《商鞅徙木立信论》

图中手稿上方和右侧有班主任兼国文老师柳潜（晚清秀才）的评语："实切社会立论，目光如炬，落墨大方，恰似报笔，而义法亦入古。逆折而入，笔力挺拔。历观生作，练成一色文字，自是伟大之器，再加功候，吾不知其所至。力能扛鼎，积理宏富。有法律知识，具哲理思想，借题发挥，纯以唱叹之笔出之，是为压题（即点题，作者按）法，至推论商君之法为从来未有之大政策，言之凿凿，绝无浮烟涨墨绕其笔端，是有功于社会文字。"

9. 迪士尼公司有个档案馆

关键词

企业档案馆　国外档案工作

　　小亮一家都是迪士尼的粉丝。迪士尼主题游乐园落户上海已经有很多年了，小亮一直没有去过。放暑假了，爸爸、妈妈说要带爷爷、奶奶和小亮一起去上海，重点是去迪士尼主题游乐园。小亮知道，迪士尼公司的动画片是爸爸、妈妈小时候的最爱，这次八成是这些大人自己童心未泯。哈哈哈！管他呢，反正有得玩，小亮就不揭穿他们了。

　　说走就走，小亮赶紧到网上查旅游攻略，好不容易出去一次，得把上海周边都逛一逛。小亮把查好的路线和酒店告诉爸爸，爸爸一起参谋并负责订票。

　　"妈妈呢？她居然没事干！"

　　"谁说我没事干了。我在做深度攻略，你们看，我发现什么了。"

　　"咦？迪士尼公司竟然有自己的档案馆，而且规模还不小，哇，还有中文版的资料。"小亮惊叫起来。

　　可不是吗，只见妈妈捧着一叠资料，在那津津有味地看着。这个妈妈，遇到跟档案有关的东西就什么都不顾了。那迪士尼档案馆到底是什么样的呢？

　　迪士尼档案馆成立于1970年，位于迪士尼在美国加州伯班克的总部中的Frank G. Wells大楼的一层，重点收集见证企业历史与成长的档案资料。曾任职于加州大学洛杉矶分校图书馆的大卫·史密斯是迪士尼档案馆的创建者，也是第一任馆长。最初的档案馆只有一个房间，主要用来存放纸质文件和实物档案，空间非常有限。随着工作理念的不断更新，目前迪士尼档案馆已颇具规模，它拥有多个库房，保存与公司有关的档案、资料、实物等共计上百万件藏品。藏品大致分为四类：

　　第一类是经典动画形象藏品。主要包括动画形象创作手稿、发行影片、宣传海报，还包括动画形象的衍生品等。例如，动画形象米老鼠的创作手稿、海报，以及最具代表性的衍生商品，如玩偶、手表、胸牌等。

　　第二类是动画制作藏品。主要保存和展示早期动画制作过程中使用的工具、道具等。如制作《白雪公主与七个小矮人》的多层动画摄影机，《欢乐满人间》的重要道具、演员的服装等。

　　第三类是迪士尼兄弟私人档案。主要包括洛伊·迪士尼、沃特·迪士尼兄弟二人早年的名片、手稿、所获荣誉等。

　　第四类是其他类档案资料。主要是迪士尼公司成立至今的重要资料，包括图书、新闻稿件、主题乐园的建造图。

　　最令小亮兴奋的是迪士尼档案馆体现的中国情缘。迪士尼兄弟私人档案中收藏了20世纪30年代沃特·迪士尼写给中国电影制作人的信，信中向中国同行遭到日本侵略的不幸遭遇表达了关切之情，并将白雪公主等故事的剧本寄到中国，这种情怀令人感动；1982年，迪士尼世界度假区中以世界各国文化为主题的艾波卡特乐园开放时，迪士尼公司与中国政府合作，启用中国拍摄团队实地拍摄，制作了时长20分钟的环幕电影，并在迪士尼中国馆播放；迪士尼档案馆中还保存了早年移民美国的华侨黄耀奇的采访录像，黄耀奇是迪士尼早期的动画大师，曾和沃特·迪士尼共事，他的代表作《小鹿斑比》采用创新的"水彩概念画法"，将中国传统绘画技艺与动画创造相结合，是一部不朽的杰作。

迪士尼档案馆已经大大超出了小亮和妈妈对企业档案馆的想象，这里不只是档案的天地，更是各类收藏品的天地，可以说集档案馆和博物馆于一体，而身处其间，怀旧情怀油然而生，怪不得迪士尼档案馆早已成为当地著名的游览胜地。

"可是，再怎么好，妈妈，您这也不是'深度攻略'呀，已经'离题万里'了，因为您也不能马上带我去迪士尼档案馆啊，我们还是老老实实逛上海迪士尼游乐园吧！"小亮觉得还是要"面对现实"。

参考文献

［1］王静译：《打开通往童话王国的历史大门——美国迪士尼公司档案工作概览》，《中国档案报》2016年6月23日第3版。

［2］俞斯译：《迪士尼有个档案馆，里面都收着什么好东西？》，2014年10月20日。

10. 口述档案

关键词

口述档案　文字转录　口述历史

傍晚，妈妈疲惫地坐在沙发上。小亮端了一杯牛奶放到妈妈面前，乖巧地站在妈妈身后，帮她揉起了太阳穴。

"少见你这么疲惫啊，今天在单位遇到什么不开心的事了？"爸爸看着闭目养神的妈妈，关心地询问道。

"最近，我们档案馆在做一批比较重要的口述录音的转录工作，准备整理成口述档案，听了一天的方言，现在头昏脑涨的，耳朵里还回响着方言的调调。"妈妈拿起桌上的牛奶，轻轻抿了一口。

"口述档案是什么？是让人们把档案的内容讲出来吗？"站在妈妈背后按摩的小亮听到新名词，立马来了兴趣。

"当然不是，口述档案是档案的一个种类，是个名词，不是动词。它是专门人员为了历史研究或社会利用的需要，通过对当事人或知情人的口头访谈而取得的具有原始记录作用和保存价值的经过整理归档的录音、录像、照片及转录文字等口述记录。"妈妈解释道。

"转录文字？"小亮问道，"不是可以直接用语音软件转文字吗？"

"哪有那么容易？"妈妈听小亮这样说，似乎有些生气，"那一批录音都是方言，里面夹杂着特殊名词，真想转成文字可真没有那么容易。不过你要是能帮妈妈找到方言语音转文字的小软件，妈妈就佩服你！"

"好的，我去找找，就算没有，我觉得很快就会有人研究出来，咱们可以等等。"小亮开玩笑。

"你能等，妈妈可等不了啊！这是一批关于抗战老兵的口述录音，他们年纪都大了，我们要尽快转录好，万一有听不明白的，还可以再去核实一下。"妈妈有点着急。

"好了，可以了，妈妈已经舒服多了。咱家有几本口述历史方面的书，你可以去读读。"妈妈带小亮到书柜前找了几本书。果然，小亮一眼就看到书柜里的一本《张学良口述历史》，随手翻开就被吸引住了："啊，原来口述历史是这样的，真实感满满啊！"

"是的，不过口述档案与口述历史还是有区别的。美国著名口述历史学家唐纳德·里奇对口述历史的界定是'以录音访谈的方式收集口头记忆以及具有历史意义的个人评论'，可以说口述档案是一种口述史料，它是做口述历史的重要基础。"

"既然是重要基础，那么口述档案的完整和真实是非常重要的，对吗？"

"没错，所以我们这个转录环节就很关键，不能弄错……"

"这个我明白，所以要逐字记录是吧？不能随意修改和概括，也不能曲解口述者的意思，更要避免断章取义，这样才能保障档案的原始记录性！"不等妈妈说完，小亮赶紧抢答。

"你这孩子学得还挺快，不错不错！口述访谈要求口述者是亲历者或者听闻者，他们只需要描述他们经历或者听闻的当时场景，这样就有助于补足当前史料的不足。"

"听您这么一说，感觉口述档案还真能为补足历史空白做不少贡献呢！您刚才不是说在采访抗战老兵吗？我们平时历史书里很少讲地方史中的小人物。我还真挺想知道滨海抗战故事呢。不过，这口述档案是口述者讲述的，它会不会带有一定的主观性，万一口述者记错了、讲错了，档案的内容不就不够客观了吗?"小亮觉得口述档案里应该会有不少宝藏，但又可能不是那么可信。

"小亮问得好，确实有这个问题，也正是因为有这个顾虑，我们在做口述访谈时，有时候也会请不同的人讲同一件事，转录者记而不评，这些史料留给历史学家来判断与书写。但如果知情人不多，又希望了解真正的史实，就需要用多种史料来互证了。当然，做口述时，访谈者一般都会对受访者提出一些要求，希望他们尽可能地保证客观、真实、不隐瞒。"妈妈说道。

"有道理，这跟法庭上通过人证、物证等多种证据证明事实是一个道理，增加旁证，可以提高口述档案的可信度，对吧?"小亮思考了一下说道。

"很好，理解正确!"妈妈夸奖道。

金匙

口述档案

口述档案工作的目的是服务于历史研究或社会利用的需要。

1. 口述档案的获取方式主要是访谈、记录、主动地整理和归档。

2. 口述档案需具备原始记录的功用，建档人员在补制的过程中须通过规范的工作方法保证其记录的原始性。

3. 建立口述档案的前提是拟建档内容必须有保存价值。

4. 口述档案的载体可以是录音、录像、照片，也可以是转录的书面纸质文件或是电子文件。

第二篇

存档

11. 白衣天使的请战书

关键词

疫情防控档案　档案征集

"累死了，累死了！"刚进家门，小亮连鞋子都懒得换，一个"葛优瘫"倒在沙发上。

"排队做个核酸就把你累成这样了，你想想下面那些'大白'们，她们得多累啊！"妈妈也下班回来了，她一边挂着包，一边说小亮。

看妈妈回来了，再看看外面的大太阳，小亮不好意思地坐直了身体："您说得对，他们都是这场'战斗'中最值得敬佩的'战士'。"

妈妈倒了一杯水，边喝边说："疫情期间，有多少医生和护士不顾自己安危，投入这场战斗，他们都是值得敬佩的，都应该被我们牢记。来，我给你看一个东西。"说着，妈妈打开手机，给小亮看了一篇文章。

"你看，'苟利国家生死以，岂因祸福避趋之。我申请去隔离病房，共赴国难，听从组织安排！'这是2020年1月24日，孝感市中心医院呼吸内科副主任医师黄文军用手机发给科长的简短请战书。一个月后，黄医生倒在了疫情防控的一线，令人潸然泪下。"

一时间，空气凝固了，小亮被触动了："妈妈，我明白自己该怎么做了。我们要牢记'大白'们的付出，你们档案馆也应该记住这段历史。"

妈妈放下水杯，摸了摸小亮的头："小亮说得对，档案部门的反应也很迅速。2020年2月7日，国家档案局发布了《关于做好新型冠状病毒感染肺炎疫情防控期间档案工作的通知》，其中要求各级档案部门要充分利用现代通信技术，灵活采用电话、办公网、短信、微信、移动客户端等适宜方式，加强对疫情防控材料收集归档工作的业务指导，积极争取将档案工作纳入防控工作的总体部署，做到疫情防控档案应收尽收、应归尽归。"

"哦？疫情防控档案？是指那些'大白'们的请战书吗？"小亮若有所思地问妈妈。

"是啊，但不只是请战书，疫情防控档案的收集范围是比较广泛的，凡是在疫情防控工作中所形成（起草、制定和收到）的有利用和保存价值的各种门类和载体的材料均应纳入收集归档范围。从载体上看，疫情防控档案的载体可分为纸质、声像、电子、实物，当然包括'大白'们的档案了。"妈妈一边说，一边走到厨房，将刮皮刀和土豆递到小亮手中："来，帮个忙。"

"那是直接找医院接收吗？会不会存在材料不全的情况呀？"小亮一边削土豆皮，一边问。

"当然不单找医院接收档案，目前，全国各级档案行政主管部门都在收集疫情防控档案，疫情防控档案的收集主要分为两大类：依法接收和主动征集。依法接收是指按规定对列入档案馆收集档案范围的单位所形成的档案进行接收。主动征集就是指面向社会征集有价值的档案。像'大白'们形成的档案就需要进行征集。当前，我们馆就正在积极采取各种措施征集'大白'们的疫情防控档案，如利用网络媒体发布疫情防控档案征集公告、主动上门征集和采取线上线下捐赠相结合的手段。尽可能将他们的档案征集齐全，代为保管，建立疫情防控档案数据库。档案工作人员可将征集到的疫情防控档案进行展览或者进一步开发，让公众了解这群逆行'大白'的先进事迹。"妈妈回答道。

"我觉得这批疫情防控档案还可以叫作'白衣天使的请战书'！"小亮

脱口而出。

"是啊，疫情中的每一位逆行者都应该被歌颂，他们是时代的英雄，说它们是请战书，妈妈也认同！"

链接

请战书里写了什么？

"我个人尚未婚，无子女，无家庭负担，比起其他同事更适合加入这场战斗。力虽小，愿尽绵薄。"

"目前形势严峻，作为一位有27年工龄的护理人员，我责无旁贷，义无反顾，随时听调令，奔赴一线贡献自己的力量。"

"作为一名医护人员，我应该冲在第一线，不畏艰苦，不计回报，无论生死，毫无怨言。"

"如果我不幸，请告诉我儿子，他爸爸是好样的，长大后要成为一名为社会作贡献，为百姓谋福利的有用之人。"

《600封抗疫请战书："胭脂"为印 热血作书》，中国新闻网，

2020年1月27日

12. 咱家有侨批吗？

侨批档案　侨批展览

　　这天，正值放暑假的小亮去档案馆找妈妈，看见妈妈在展厅布置档案展览，心生好奇的小亮便问："妈妈，这是什么档案？我从来没见过。"

　　"这是侨批档案，现在档案馆正在筹备一个关于侨批档案的展览。"

　　小亮看着这些信封和照片，越看越觉得有趣，就问妈妈："咱家有侨批吗？"

　　"我记得我的姥姥、姥爷曾经下南洋，给家里寄过钱，你表舅家应该有，你可以去表舅家看一下。"

　　小亮到了表舅家："表舅，我想看一下咱们家的侨批。"表舅把一些信件拿出来给小亮看。

　　"表舅，什么是侨批、侨批档案？侨批包括哪些东西？"

　　"侨批，又称银信，是指华侨华人通过民间渠道以及邮政、金融机构寄给国内眷属书信和汇款凭证的合称。侨批档案，就是指侨批、侨批经营管理以及相关活动中形成的文书、信件、票据、证书、账册、照片、印章等不同形式和载体的具有保存价值的历史纪录。侨批档案主要分布在福建、广东两省，2013年，这两个省联合行动，在他们的共同努力下，侨批档案被列入《世界记忆名录》，这也是福建、广东两省首个被列入《世界记忆名录》的项目。"

"哇，侨批这么珍贵，那我们一定要好好保护它们。"

"是的，为了更好地保护侨批档案，福建和广东两省相继出台了保护侨批档案的规章。目前所收集的侨批档案约16万件，其中广东的侨批档案约15万件，福建的侨批档案共1万余件，还有大量侨批流落民间。"

"这些侨批都是从国外寄回来的吗？"

"是的，那时候很多人下南洋务工，咱家的这些侨批都是表舅的爷爷奶奶从东南亚那边寄回来的。他们还寄来家书和银钱。家书饱含海外打拼的人对亲友的深深思念，他们把赚来的钱寄回家贴补家用。"

"由于与东南亚往来信件的增多，就诞生了专门寄送侨批的'侨批业'，跟现在的快递业务相似，当时负责派送信件的人还有个专门的称呼'水客'，也就是现在我们所说的快递员。"

"原来那个时候也有快递业务啊！"

"小亮，我们一定要好好保护和利用侨批档案哦！有机会让你妈妈带你去档案馆看看，除了档案馆，广东汕头和福建泉州还有专门的侨批馆呢！"

"谢谢表舅！我终于知道侨批的前世今生喽！"

链接

习近平总书记2020年在广东考察时强调，"侨批"记载了老一辈海外侨胞艰难的创业史和浓厚的家国情怀，也是中华民族讲信誉、守承诺的重要体现。要保护好这些"侨批"文物，加强研究，教育引导人们不忘近代我国经历的屈辱史和老一辈侨胞艰难的创业史，并推动全社会加强诚信建设。

《"侨批中看党史"，"侨"见中国共产党的伟大》，《新华每日电讯》，2022年4月15日

13. 张大爷的结婚证

关键词

专门档案 会计档案 人事档案 婚姻登记档案

1970年，邻居张大爷和老伴在家乡南州市结婚，在当地领了结婚证。1984年，两人调到滨海市工作。2000年后，张大爷和老伴相继退休。最近，两位老人想尽快把房子过户给唯一的儿子，于是就去办理房产过户手续，一问才知道没有结婚证办不了。回到家，他们意外发现结婚证找不到了。为了早点将房产过户，他们只能去补领结婚证。婚姻登记处的同志说要先回家乡结婚登记地补办，或者到当地档案保管部门出具一份证明。可是两位老人找来找去也不知自己的婚姻登记档案在哪里。他们年龄大了，真受不了这样的折腾。

张大爷来找亮妈请教怎么找回当时的婚姻登记档案。亮妈说，婚姻登记档案属于专门档案，不同地方的收存情况不同。通常可能保存婚姻登记档案的地方有：婚姻登记地的地市级档案馆、县区级档案馆、民政局。一般来说，年代久远的档案大多移交给档案馆了，近年的可以从民政局查。

功夫不负有心人，张大爷终于在南州市档案馆找到了他和老伴的结婚登记档案。

张大爷的结婚档案找到了，小亮还有一个问题没有弄清楚："妈，您说婚姻登记档案是专门档案，专门档案是什么意思？我记得您在讲知青档案时说知青档案是专题档案。专门档案和专题档案有什么区别？"

妈妈解释道：

专门档案是将机关、企事业单位以及其他社会组织保存下来备查考的，在从事某些专业性活动中为了实现相关的职能目标而制作和使用的，具有比较稳定的文种和记录目的各种载体类型的数据、信息记录。专门档案强调文种的特殊性，专题档案则是将主题一致的档案归在一起，强调内容的相关性。

关于专门档案的种类，学术界有多种看法，比较一致的有：会计档案、人事档案、教学档案、商标档案、审计档案、诉讼档案、信用档案、统计档案、书稿档案、地名档案、婚姻登记档案、病案等。

不同种类的专门档案，其分类方法是不一样的。

婚姻登记档案一般采用"年度—当事人的国籍（居住地）—婚姻登记性质（结婚、离婚、补领婚姻登记证、撤销婚姻等）—保管期限分类法"。

会计档案一般采用三级复分法，一是"会计年度—会计文件文种（凭证、账簿、报表等）—保管期限分类法"，适用于单位预算会计、企业会计档案；二是"会计年度—保管期限—组织机构分类法"，适用于各级总预算会计单位；三是"会计年度—会计类型—文种—保管期限分类法"，适用于各级税务机关的会计档案。

诉讼档案一般采用"年度—审级—案件分类法"。

参考文献

王英玮主编：《专门档案管理》，中国人民大学出版社，2004年。

14. 档案整理的"灵魂"

 关 键 词

档案整理　全宗内档案分类　复式分类法

晓芸是小亮表姐的闺蜜，在一家公司从事档案管理工作。她一直向亮妈学习档案管理技能，是个编外"徒弟"。晓芸最近正在整理一批文书档案，已经做好了分类方案，正在对材料进行归类。亮妈来查看工作进度，突然发现有点不对劲，赶紧问晓芸："晓芸，你的分类方案是什么样的？快给我看看。"

"啊，出什么问题了？我马上拿给您看。"晓芸急忙拿来分类方案，亮妈打开一看，就发现了问题。"晓芸，你看，你目前的分类方案，采用的是'机构—年度—保管期限'的三级分类法。在排架时，你怎么确定不同年度之间要留出多少位置呢？现行档案每年都会新增，你想想到时候上架的难度有多大，是不是要挪动所有文件？"

晓芸仔细想了一下，拍了拍脑袋，自责道："瞧我这脑子，真是糊涂了，都怪我粗心，现在大部分文件我都按'机构—年度—保管期限'的方法分类了，我刚来没多久，就闯了这么大祸，要是不能按时完成任务可怎么办？"晓芸快要哭出来了。

亮妈赶紧安慰道："晓芸，你别急，现在纠正还来得及，你们单位不是还有一些老员工吗？请他们帮帮忙。你这孩子，工作效率还挺高的。这几天我跟你们一起加加班，调整一下，一定能按时完成任务的。"

晓芸感动道："真是太感谢您了，您再教教我档案分类吧。"

"乐意效劳！那我再给你讲讲。'档案整理要做好，档案分类少不了。'对归档文件进行合理分类，不但能有效揭示归档文件之间的内在联系，使全宗成为一个有机整体，便于系统地提供利用，而且对归档文件排列、编目、排架等都有重要意义。如果整理档案时没有做好分类工作，会对后续一系列工作都产生极大的麻烦。"亮妈继续道，"全宗内档案分类，即档案整理的分类。各门类档案的分类一般分为单式分类法和复式分类法两种。单式分类法是指只采用一种分类方法对档案进行分类的方法。档案的单式分类法很多，按照不同的划分标准有不同的分类方法。目前常用的单式分类法主要有年度分类法、机构分类法、问题分类法、保管期限分类法等。复式分类法是指采用两种或两种以上分类法对档案进行分类的方法。"

"我知道实际工作中，复式分类法比较常用。"晓芸说道。

亮妈笑了一下，继续说："没错，全宗内档案分类的方法很多，档案行业标准《归档文件整理规则》选择年度、机构或问题和保管期限作为基本、通用的分类方法。根据不同的情况，可以选择不同的要素进行排列组合。档案的行业标准没有硬性规定哪个一定要放在最前面，不过从多年的实践来看，虽然分类法和分类方案存在多种可能性，但是各地区、各部门采用的分类方案已经日趋相同。进行三级分类的，一般采用年度—机构—保管期限、年度—问题—保管期限、年度—保管期限—机构、年度—保管期限—问题等方法进行分类，尤其是现行档案，分类时一定要先区分年度。"

"原来如此，看来我还要继续加强学习我的专业知识。"晓芸感叹道，"这次我算是明白了，档案分类就是档案整理的灵魂啊。"

链接

归档文件的"组件"

　　归档文件一般以每份文件为一件。正文、附件为一件；文件正本与定稿（包括法律法规等重要文件的历次修改稿）为一件；转发文与被转发文为一件；原件与复制件为一件；正本与翻译本为一件；中文本与外文本为一件；报表、名册、图册等一册（本）为一件（作为文件附件时除外）；简报、周报等材料一期为一件；会议纪要、会议记录一般一次会议为一件；会议记录一年一本的，一本为一件；来文与复文（请示与批复、报告与批示、函与复函等）一般独立成件，也可为一件；有文件处理单或发文稿纸的，文件处理单或发文稿纸与相关文件为一件。

　　归档文件排序时，正文在前，附件在后；正本在前，定稿在后；转发文在前，被转发文在后；原件在前，复制件在后；不同文字的文本，无特殊规定的，汉文文本在前，少数民族文字文本在后；中文本在前，外文本在后；来文与复文作为一件时，复文在前，来文在后。有文件处理单或发文稿纸的，文件处理单在前，收文在后；正本在前，发文稿纸和定稿在后。

《归档文件整理规则》（DA/T 22—2015）

15. 应归尽归　应收尽收

关键词

档案资源建设　人事档案　归档制度

"妈妈，告诉你一个好消息，我得奖啦！看！'滨海市优秀团员'的获奖证书在此。"一回到家，小亮就向妈妈报喜。

"哇，咱家小亮这么棒！来来来，快把获奖证书给奶奶也瞧瞧！"奶奶也乐开了花。

小亮这次被评为全市优秀团员，与他一直照顾一位残疾老人有关。这位老人的子女长期不在家，他的老伴身体也不太好，所以小亮每周都会去陪老人聊天，帮忙做点家务。他从小学五年级开始，风雨无阻地坚持六年了，全家人也一直支持他。

起初，老师和同学并不知道小亮一直在帮助老人。有一次，小亮在老人家门口偶遇班主任，班主任才知晓此事，并对他大加赞赏，小亮还觉得怪不好意思的。

"小亮，让爷爷也看看，咱家小亮有爱心，是个好孩子！"爷爷也来表扬了。

"小亮，这次获奖会记入你青少年时代的人事档案哦！"妈妈来做专业解读了。

"人事档案？怎么不是家庭档案？"小亮的好奇心被调动起来了。

"是啊，这可不只是放在咱家的，你这个奖是要填入你中学时代的各种个人登记表里的。奖惩栏肯定要填这个。而有一部分重要的登记表、奖惩材料是会放到你的人事档案里，跟着你一辈子的。"妈妈说。

"原来是这样，看来人事档案的归档范围很全面啊！"小亮明白了。

"是啊，人事档案包括了一个人从上学时起所产生的各种学籍材料、党团材料、奖惩材料等，还有工作以后在单位形成的各种档案材料。这些材料，只要能收齐的就要完整归档。"爸爸补充道。

"叮咚——"门铃响了。小亮开门一看，晓芸来了。

晓芸一进门就看到小亮的获奖证书了："哇，小亮，你获奖一事是要记入人事档案的。很多年后，别人看你的档案，都能知道这次获奖。小亮真棒！"哈哈，晓芸最近跟亮妈很像，看什么都与档案有关。

"亮妈，我是来给您送书的。这是我们公司刚出版的企业年鉴——去年您指导我们做，现在终于出版了。领导说一定让我给您送来。"晓芸从手提袋里拿出一本精装的企业年鉴，一个劲儿地感谢亮妈。

"哇，谢谢！今天真是好日子！年鉴出版，这也是大喜事啊！"亮妈也向晓芸道贺。

"亮妈，我还想向您请教一下，最近在翻看《"十四五"全国档案事业发展规划》，称2025年的发展目标包括'档案资源建设迈出新步伐'。文件特别提到档案资源覆盖面更加广泛、内容更加丰富、形式更加多样、结构更加优化，档案'应归尽归、应收尽收'有效落实。为什么要落实'应归尽归、应收尽收'呢？"晓芸又问。

亮妈觉得晓芸进步很快，笑着接过话来："晓芸，你问到档案资源建设的重点了，而且已经从规划层面发现了'应归尽归、应收尽收'的重要性，你很敏锐！'应归尽归、应收尽收'主要是要建立覆盖人民群众的档案资源体系。我再补充两点。第一，你还可以从法律层面来理解。《中华人民共和国档案法》第十三条规定，直接形成的对国家和社会具有保存价值的下列材料，应当纳入归档范围；第十四条规定，应当归档的材料，按照国家有关规定定期向本单位档案机构或者档案工作人员移交，集中管理，任何个人不得拒绝归档或者据为己有。第二，你还可以从开发利用的角度来理解。你想想，咱们这本企业年鉴是怎么做出来的？"

"对啊，这本企业年鉴可是查阅了各种各样的档案才做出来的。如果不能做到'应归尽归、应收尽收'，档案就不齐全，这本年鉴也根本不可能做得这么完整。"晓芸顿时明白了。

"哈哈，那历史学家不就有事做了吗？"小亮突然蹦出一句话。

"你这小淘气！说的倒是实话。哈哈！如果做不到'应归尽归、应收尽收'，我们的历史就是残缺的，还原历史的难度就增大了！"亮妈说道。

"所以，亮妈教导我们，'有档不收'和'有档不归'都是错误的，'应归尽归、应收尽收'才是负责任的做法。"晓芸和小亮合计好，齐声对亮妈说。

"对！亮妈还教导我们，孩子们都要多拿奖。在'应归尽归、应收尽收'的原则指导下，让自己的人事档案闪闪发光！"爷爷、奶奶和爸爸也来给小辈们鼓劲了。

"哈哈哈，正确！你们都学会拿我开玩笑了！"亮妈笑着说。

链接

馆藏档案知多少？

截至2021年底，全国各级国家综合档案馆馆藏档案10.47亿卷（件），较2012年末增长159%，馆藏资源结构进一步优化，专业档案、民生档案占比逐步增大。

16. 时代记忆

关·键·词

新时代新成就国家记忆工程 "十四五"规划 档案事业

上次同亮妈讨论《"十四五"全国档案事业发展规划》(以下简称《规划》)归档制度的相关内容后,晓芸受益匪浅。今天晓芸刚好有空,又来找亮妈汇报学习成果了。晓芸注意到《规划》里的7个专栏,即国家档案局针对当前档案事业发展的基础工作、重点任务和薄弱环节,经过充分研究论证后提出的7项重点工程,分别是档案制度规范建设工程、新时代新成就国家记忆工程、国家重点档案保护与开发工程、档案信息化强基工程、科技兴档工程、人才强档工程和档案文献遗产影响力提升工程。

晓芸对"新时代新成就国家记忆工程"印象深刻,她记得亮妈说过的一句话"档案见证历史"。"新时代新成就国家记忆工程"的确值得了解,它主要包括三个部分:

一是记忆项目。开展脱贫攻坚、新冠疫情防控等档案记忆项目,加大相关档案资源跨领域、跨区域、跨层级整合力度,记录以习近平同志为核心的党中央做出的重大决策,带领全党全国各族人民走过的伟大历程、创造的伟大奇迹。

二是专题目录和数据库。普遍开展专题档案目录建设,推动重点地区、重点单位建设专题档案数据库，建设国家级专题档案记忆库。

三是宣传展示。举办脱贫攻坚伟大成就档案展、抗击新冠疫情斗争档案展等活动，推出一批主题鲜明、内容丰富、形式多样的编研成果，推进数字化、网络化宣介展示，生动反映新时代取得的历史性成就，展现中国力量、中国精神、中国效率。

晓芸还知道：新时代新成就国家记忆工程正在有序推进，如湖南省档案馆正在编辑《新时代新成就湖南档案记忆》《档案见证历史——湖南脱贫攻坚工作实录》，拍摄专题片《档案里的洞庭故事》。山东省档案馆长座谈会研究安排了2022年省市县档案馆协同开展的重点任务，其中一项任务就是建好"两类档案"专题数据库、全省红色档案资源库等专题数据库，落实好"新时代新成就国家记忆工程"的建设任务。此外，重庆、江西、浙江、广西、福建等地也纷纷制定举措，落实新时代新成就国家记忆工程的建设任务。

看着晓芸兴奋地介绍自己最近的所学所思，亮妈心里乐开了花。档案事业后继有人了！历史是流淌的河，档案是沉淀的沙。每一件档案，都承载着时代记忆；每一件档案，都讲述着时代故事。作为档案人，无论是亮妈还是晓芸，都感受到了这个时代沉甸甸的嘱托。

参考文献

［1］崔珍珍：《振奋人心的蓝图 铿锵有力的脚步》,《中国档案报》2022年9月22日第1版。

［2］国家档案局政策法规司：《蓝图绘就奋向前 档案事业高质量发展谱新篇——〈"十四五"全国档案事业发展规划〉》解读,《中国档案》2021年第6期。

17. 脱贫攻坚档案

档案利用　脱贫攻坚档案

一天清晨，小亮的爸爸坐立不安。小亮悄悄问妈妈："妈妈，爸爸今天怎么了？"

妈妈看了看刚坐下又站起来的爸爸，笑着对小亮说："你爸爸在等快递员送一个很重要的东西。等会儿你就知道了。"

话音刚落，门铃就响了。小亮的爸爸立刻出了门，不一会儿抱着一个箱子回来了。箱子打开后，大家发现里面是一本脱贫攻坚纪念册和两盒土特产，盒子上面还印着爸爸的名字。

"我说呢，能有什么礼物可以让我们家大设计师这么激动，原来是这个啊。"妈妈打趣道。

"那是自然，毕竟我也亲历了这一次的脱贫战斗，还是很自豪的！"爸爸说道。

一年前，亮爸曾前往西部一个贫困县支援当地建设，现在脱贫攻坚战已经取得胜利，当地政府为了感谢援助脱贫攻坚的外地工作人员，便邮寄了土特产和纪念册。

看着这本纪念册，小亮突然问道："妈妈，脱贫攻坚是如此伟大的战役，肯定有很多相关档案，不知道档案部门有没有收集？"

"小亮有进步！你的档案收集意识很强啊！这些档案当然是要收集的。这类档案统称为"脱贫攻坚档案"。它们是脱贫攻坚工作过程中形成的各种历史纪录，是我国脱贫攻坚工作的重要资料，也是精准扶贫的重要依据。各级扶贫部门以及行政村都有大量原始材料，各地也都制定了相关的归档范围和保管期限等规定，基本能确保重要的脱贫攻坚档案得到收集。"妈妈说。

"从2016年开始，我国各地档案馆就开始强调脱贫攻坚档案的重要意义，要求加强脱贫攻坚档案的收集与整理工作。例如，广西壮族自治区在2016年1月便印发了《关于做好精准扶贫档案工作的通知》，要求档案工作人员提高认识，完善体制，精准扶贫工作做到哪里，档案工作就要跟进到哪里。"妈妈又补充道。

"那我们可以查询这些档案吗？"小亮好奇地问道。

"当前脱贫攻坚档案已经对外开放了一部分，比如爸爸刚收到的纪念册里，有不少文件、照片肯定也是从脱贫攻坚档案里找的。另外，对脱贫攻坚档案的开发可不止于此，不少地区的档案馆还尝试利用电子展览的方式，宣传脱贫攻坚档案。例如，上海市档案馆就举办过上海市的脱贫攻坚档案展览。"妈妈专业地回答道。

"好了，亮妈，可以下课了。这纪念册不错，我带你们重温那段记忆吧！"爸爸捧起纪念册，把爷爷、奶奶也请过来，对着照片给大家讲起了他支援西部贫困县的故事……

链接

某村级扶贫类文件材料归档范围和保管期限表

一级	二级	三级	保管期限
综合类		上级部门下发的有关扶贫工作的法律法规、政策或制度性文件材料	永久
		村与乡镇签订的脱贫攻坚责任书	
		村两委召开的涉及脱贫攻坚方面的会议材料	
		村级脱贫攻坚规划、年度减贫计划、年度工作总结、村级作战图	
		各年度到村到户财政扶贫资金分配方案、计划、批复等文件材料，各年度财政扶贫资金使用和项目清单	
		向上级报送的扶贫工作各类调查表、统计表、重要请示及上级批复等资料	
		村级受到脱贫攻坚方面表彰奖励的相关材料	
		驻村帮扶干部花名册、帮扶台账等材料	
		其他重要综合材料	
精准识别	贫困村识别	贫困村申请书、调查表、登记表	
		乡镇和县级审查、审定贫困村的相关文件材料	
		精准识别贫困村其他重要材料	
	贫困户识别	贫困户申请书、入户调查表、信息采集表	
		村民小组评议、村民代表大会评议会议记录（照片）、数据比对情况（2017年开始）	
		村级贫困户初选名单公示照片、乡镇拟定贫困户名单公示及照片、县贫困户名单公告及照片	
		精准识别贫困户其他重要材料	

续表

一级	二级	三级	保管期限
精准识别	动态调整	各年度脱贫人口、新增贫困人口、人口自然变更等材料	永久
		建档立卡"回头看"等材料	
	精准施策	贫困户帮扶计划和措施,四项清单等材料	
		基础设施建设(道路、水利、电力、农村信息化、民生工程等)	
		村级集体经济项目等材料	
		产业脱贫(种植养殖、光伏扶贫、乡村旅游、商贸流通、电商、资产收益等)形成的重要材料	
		就业脱贫(扶贫车间、公益性岗位、职业技能培训、劳务输出等)形成的重要材料	
		生态保护扶贫(生态护林员和农村人居环境改善等)形成的重要材料	
		智力教育扶贫(教育资助及雨露计划等)形成的重要材料	
		健康脱贫(医疗救助、办理慢性病卡、新农合代缴、家庭医生签约服务等)形成的重要材料	
		住房安全保障(易地扶贫搬迁、危房改造等)形成的重要材料	
		社保兜底(分散供养的特困人员、低保户、残疾贫困户等)形成的重要材料	
		金融扶贫(扶贫小额信贷)相关材料	
		社会扶贫(单位定点帮扶、干部包户及民营企业、社会组织、个人开展社会帮扶等)形成的重要材料	

续表

一级	二级	三级	保管期限
精准施策		其他精准施策重要材料	永久
精准退出	贫困村出列	贫困村退出申请书、乡镇审核、县级审定等相关材料	
	贫困户脱贫	民主评议、驻村工作队核实、贫困户认可、公示公告等相关材料	

18. 探秘政府网站的网页归档

关键词

网页归档　网页档案　政府网站

这天，晓芸来小亮家做客。她同亮妈聊天，说着说着就拐到了档案话题。小亮在一旁听着，感觉晓芸越来越像个档案迷了。

"亮妈，我最近看到一篇报道，称浙江省档案馆组织开展抗疫网页专题档案的采集工作，对政府网站自新冠疫情发生之后发布的有关各地疫情防控工作开展的通知、公告、通报、新闻报道等内容进行采集，还取得了不错的成效。您能给我讲讲这政府网站的网页档案吗？"晓芸问道。

"晓芸，不错啊，这条新闻你都关注了！网页档案主要是指对国家和社会具有保存价值并归档保存的网页信息。说到网页档案，就离不开网页归档。早在2017年，《政府网站发展指引》便指出：政府网站遇整合迁移、改版等情况，要对有价值的原网页进行归档处理。归档后的页面要能正常访问，并在显著位置清晰注明'已归档'和'归档时间'；《全国档案事业发展"十三五"规划纲要》要求：要研究制定重要网页资源的采集和社交媒体文件的归档管理办法。2019年，国家档案局发布档案行业标准《政府网站网页归档指南》，规定了政府网站网页归档的总则，网页的归档范围和网页档案的保管期限，网页归档的收集、整理、移交接收和网页归档功能模块建设的一般方法，促进实现网页信息的有序归档和长期保存。"亮妈说起这些专业知识，总是滔滔不绝。

"原来政府网站网页归档早有历史啊。"晓芸不禁感叹道。

"时代在发展嘛。政府网页是政府机构业务活动的记录和凭证，是对政务公开等业务信息进行回顾、分析和证明的重要资源，具有凭证价值、情报价值和档案价值。妥善保存网站网页，对于记录政府机构的职能活动和保存社会记忆都有着非常重要的意义。"

"政府网站的网页内容如此重要，那是不是所有网页都要归档呢？"晓芸再次问道。

小亮在旁边听了半天，沾沾自喜地说："我知道，老妈常说'应归尽归、应收尽收'，所以肯定要全部归档。"

"你这孩子，反应虽然快，但就是有点不求甚解。你记不记得妈妈还说过'有文必档'是错误的呢？"亮妈点了一下小亮的脑袋瓜，继续道，"这个道理也很简单，并非所有的政府网站网页文件都具有相同的重要程度和保存价值。因此，要按照网页内容的价值来判定是否对其进行归档。要是将网页内容全部归档，那就过于庞杂了。"

小亮意识到自己说错了，脸瞬间红了起来。

"没事，小亮，刚刚我也忘记了。阿姨这么一说，咱们不就知道了。"晓芸贴心缓解了小亮的尴尬，小亮也暗自提醒自己下次不能如此莽撞。

金匙

《政府网站网页归档指南》知识问答

问：网页归档原则是什么？

答：及时性、完整性、可用性和安全性。

问：网页归档的责任是如何划分的？

答：档案部门负责制定网页归档的规章制度，指导监督网页归档工作，接收和保管网页档案，提出网页归档功能模块需求；网站管理部门负责网页信息的收集、整理和移交等工作；信息化部门负责建设网页归档功能模块，为网页归档工作提供信息化支持。

问：网页信息收集是在什么时候？

答：应合理设置网页信息的收集时间，根据页面更新频率确定合理周期，定期收集，当页面发生较大变化时应及时收集，包括：

① 网站首页或栏目首页可在展现形式发生较大变化时进行；

② 信息发布类页面可在网页信息发布时或更新时；

③ 解读回应类页面可在解读回应完成后；

④ 办事服务类页面可在事项办理完毕或服务结束后；

⑤ 互动交流类页面可定期收集并在交流结束或交流主题关闭后。

问：网页信息收集的内容有哪些？

① 网页信息收集时应完整收集页面中的可视静态内容，包括文本、静态图片等，页面中的动画、音视频、脚本等内容在保证真实性、可用性和安全性的情况下也可进行收集；

② 对于有附件的页面，收集时应将附件与页面作为一件同时收集；

③ 一项内容因篇幅较长而分为多个页面显示时，应将该项内容所对应的多个页面作为一件同时收集；

④ 网页信息收集时应将页面的元数据同时收集，包括标题、发布时间、来源、关键词、作者、摘要、网址等。

《政府网站网页归档指南》（DA/T 80—2019）

19. 有了电子档案，还要存纸质档案吗？

关键词

电子档案　电子文件　单套制　双套制

一天午后，晓芸到亮妈所在的档案馆送一份文件，顺便拜访亮妈。两人很快就聊起了起来。

"亮妈，档案馆的库房越来越紧张了。这些纸质档案已经有电子版本了，可不可以不保存啊？"晓芸问道。

"这是一个好问题，电子文件单套制保存的问题是近年的热门话题，电子档案'单套制'归档是指对于由电子设备生成的原生电子文件，在进行归档时只保存电子档案，而不再生成和保存纸质档案的归档制度。可是档案馆的电子文件目前采取的是双套制归档，即纸质档案与电子档案都要保存。"亮妈说道。

"但是双套制归档存在重复劳动、资源浪费的问题。双套制模式下需要输出大量纸质文件，实在有点浪费，也不太符合环保理念。此外，双套制归档需要对电子文件及纸质文件分别进行归档，因为两种文件的归档流程有差别，所以又要花费大量人力物力，这会给档案工作人员带来许多工作压力。"晓芸接着提出问题。

亮妈笑了一下说："晓芸最近真是下了苦功，长进了不少。那你有没有想过，既然双套制有这么多问题，我们为什么坚持实行了这么多年？"

"难道是因为担心电子档案会损坏，或者丢失？"

"有这个原因，还有没有别的原因呢？"

"那我就想不出来了。"

"电子文件双套制归档是受早期信息技术、理论研究以及传统的档案管理的影响。应该说，除了技术上的原因外，我们传统的档案管理方式和手段一时也无法适应单套制的归档需求。所以短时间内，我们无法全面推广电子文件单套制归档。"

电子文件逐渐增多，存储媒体形式日益多样化，有没有可能采用更为经济、高效与可持续的归档制度呢？亮妈和晓芸都陷入沉思。

"这件事很难一蹴而就，电子文件单套制管理也面临很多风险与挑战：首先我国关于单套制的理论研究不够丰富，难以理论指导实践；其次，目前我国大多数地方仍采用双套制归档法，档案工作者无法在短时间内适应单套制归档法；最后，技术上也存在一定困难，如系统对接难题等。"亮妈说道。

晓芸低下头，有些灰心。

"晓芸，别灰心。这些年的变化已经很大了，随着电子档案的法律效力问题逐步得到解决，加之一系列相关政策、法规的出台，电子文件单套制归档是大势所趋。2015年以来，我国以上海自由贸易区电子档案单套制管理试点为先例，在全国各地广泛开展单套制试点工作，取得一定成效。2020年3月，国家档案局明确在全国30个党政机关和中央企业中开展电子文件单套归档和电子档案单套管理试点工作，国家开发银行实现了27家分行的助学贷款合同签订无纸化，优化了单套制归档流程。"亮妈笑着说道，她对电子文件单套制管理有很大信心。

"电子文件单套制归档具有实时高效便捷的在线归档、降低纸质转化成本和存储空间、促进电子档案资源高度共享等诸多优势，在安全性和法律效力都得到保障的情况下，遵循'标准先行、技术支持、试点推进'，以点带面，推进单套制归档在全国范围内实行大有可为。晓芸，那时便靠你们这些年轻人了。"亮妈接着说。

"我会努力的！"晓芸又打起了精神。

案例

深圳市中级人民法院电子文件单套归档和电子档案单套管理试点工作

深圳市中级人民法院严格按照国家档案局、国务院办公厅电子政务办公室、国家电子文件管理部际联席会议办公室联合印发的《关于开展电子文件单套归档和电子档案单套管理试点工作的通知》要求，组织开展试点工作。试点工作开展以来，深圳市中级人民法院电子归档率从2019年的6.3%，逐年递增至2021年的69.8%，较试点工作开展前增长逾10倍；2022年1至5月，电子归档案件数较试点工作开展前同比增长2.75倍，审判质效及诉讼服务效果得到了明显提升，形成了可供全国法院"单套制"改革复制、借鉴和推广的深圳经验。2022年5月19日，国家档案局组织专家验收合格。

国家档案局：《深圳市中级人民法院电子文件单套归档和电子档案单套管理试点工作顺利通过验收》，中华人民共和国国家档案局网站，2022年5月24日

20. "外包"来帮忙

关·键·词·

档案服务外包 档案中介服务

这天，晓芸到小亮家做客，又跟亮妈聊起公司的档案工作。晓芸自豪地介绍道，这几年自己把公司的档案工作做得红红火火，同事都觉得查找档案方便多了。不过，随着公司档案数量的增多，公司的档案工作面临两个难题：一是人手不够，二是库房不足。上司说，要人，没有；要房，也没有；要经费，可以支持。

"有经费就很好啊，你就珍惜吧。听了你说的情况，我觉得你们公司可以把一部分档案管理工作外包给服务公司去做。"

"外包给服务公司？"

"对啊，咱们滨海市有一家档案服务外包公司的口号就是'忙不过来我帮您'。外包公司是按照国家法律法规和档案行政管理部门规定成立，直接为各种社会组织和个人提供各类型档案专业服务，自主收支、独立核算的社会服务性机构。我国档案界有时也称之为档案中介机构。你们可以与他们签订合同，把你们认为可以由他们承接的档案业务交给他们做，并支付一定的报酬。"

"这可真是个解决人手问题的好办法。不过这样的话，公司的内部文件不都让外人知道了？还有，万一丢失了档案怎么办？万一质量不能达标如何追责呢？"

"晓芸，这些问题提得好！这些的确是档案服务外包的一些难题。在外包之前，一定要考虑清楚，不宜让外人知道的档案确实是不适合外包的。能想到的各种问题，除了在合同中约定好，健全政府职能部门的监督机制也是很重要的。这种服务目前还不是很健全，大家也都在摸索。"

"那现在哪些档案业务外包得比较多呢？"

"据我了解，档案服务外包公司承接的档案业务主要有：档案专业培训、档案管理系统研发、档案数字化加工扫描、数据处理、信息录入、档案管理咨询、档案整理、档案寄存、档案用品销售等。"

"服务项目还不少呢！"

是的，现阶段的档案服务外包已经显示出一定的社会效益和经济效益。这种服务在为企业节约档案管理成本的同时，也提升了档案管理水平。

金匙

上海市《关于加强档案业务外包和中介服务管理的指导意见》要点概括

一、围绕总体目标，明确工作要求

（一）支持规范档案业务外包和中介服务

（二）着力加强重点管理

（三）积极稳妥推进发展

（四）严格落实三方责任

（五）营造良好市场环境

二、加强行政监管，促进规范管理

上海档案信息网

第二篇

护 档

21. 保护档案　人人有责

关键词

档案保护　敦煌经卷　莫高精神

小亮终于迎来自己心心念念的暑假旅游，这一次的目的地是妈妈专门挑选的敦煌。回程途中，妈妈问小亮："今天敦煌莫高窟的壁画好看吗？"

"太美了，古人居然能在这里留下这么多巧夺天工的作品。我觉得莫高窟的壁画其实就是宝贵的艺术档案。"提起壁画，小亮忍不住赞美起来。

"小亮说得太好了！可是，你知道吗？这些珍贵的艺术档案在20世纪40年代以前都还是残垣断壁啊！"妈妈话锋一转，让小亮有点吃惊："啊，不会吧，这些壁画不是古代留下的吗？怎么可能20世纪还是残垣断壁呢？"

"这就要讲讲20世纪初的莫高窟之厄了。当时的莫高窟并未引起世人关注，直到一位叫王圆箓的道士在清扫时发现了藏经洞。藏经洞被发现之后，吸引了诸多国外考古学家，更准确地说是'外国强盗'。他们在对莫高窟考察的基础上，用花言巧语诱使王圆箓同意低价卖出诸多经书、壁画，一车一车地将中国的文化珍宝运往外国。当我国学者注意到敦煌的时候，藏经洞里的经书仅存八千余份，至于敦煌壁画，被损坏的不计其数。"妈妈介绍了那一段无比屈辱的历史。

"那我们现在看到的壁画是……"小亮问道。

妈妈望着窗外渐渐远去的莫高窟，淡淡说道："是几代人共同奋斗的结果。20世纪40年代，常书鸿、段文杰、欧阳琳、孙儒僴、史苇湘等一批前辈专家，满怀对敦煌艺术的向往来到莫高窟，为莫高窟文物的修复付出了常人不可想象的努力。中华人民共和国成立之后，更有无数仁人志士放弃了优渥的生活，来到莫高窟，为中华文化而努力奋斗。2014年，敦煌研究院樊锦诗院长在敦煌研究院成立70周年座谈会上将这些前辈身上蕴含的精神明确命名为'莫高精神'，并将其内涵概括为'坚守大漠、甘于奉献、勇于担当、开拓进取'。"

"现在科技发展了，我们可以在网上随时观赏莫高窟的壁画与经书；国家富强了，再也不会有强盗来掠夺我们的文化了。但是小亮，我们依然面对一个敌人，你知道是谁吗？"妈妈扭过头，看着握紧拳头的小亮问道。

"是我们自己。我们中的一些人不重视保护档案，放任档案被破坏、遭虫蛀、受水浸、遇日晒。这是非常可怕的。思想上的不重视是我们最大的'敌人'。保护档案，人人有责。传承文明，人人有责！"小亮坚定地回答道。

名言

毛泽东曾对身边的工作人员说："任何时候都要注意保护文件"，因为它"关系到全国人民的命运和前途"。"遇到危急情况，你们不必顾我，要先保护秘书和文件。"

22. 八千麻袋事件

关键词

档案保护 大内档案 明清档案 人为因素

周末晚上，一家人一起看电视，电视里正在播放清宫剧。屏幕上突然闪过"大内档案"几个大字。

"什么是大内档案？妈妈，您知道吗？"小亮有点好奇。

见儿子对大内档案感兴趣，妈妈就讲开了，特别介绍了"八千麻袋事件"。妈妈说，提到大内档案，她总是想起那场人为破坏档案的悲剧。人为破坏对档案寿命的影响往往是致命的。

"大内档案"就是当年保存在紫禁城的清代内阁大库的档案。"八千麻袋事件"是指1921年至1929年，清代内阁八千麻袋档案整个辗转、拍卖、散失的事件。此事则要追溯到1899年。

1899年，内阁大库年久失修，库墙部分倒塌。

1908年，内阁大库房屋修缮，醇亲王载沣命人到内阁大库中查找清初摄政典礼旧档，但没有找到。因为旧档堆积太多，大量档案被转移到文华殿两庑，没有迁出的档案仍杂乱地堆于原库。

1909年，库房破坏更为严重，时任学部参事罗振玉向张之洞建议内阁大库档案"虽残破，亦应整理保存"，并请由学部接收，将来移送京师图书馆，张之洞欣然允诺。最初的整理工作仅限于在档案中挑书，原档也打算照旧毁弃。罗振玉随手检阅，见到乾隆时期阿桂（1717—1797）、管干贞（1734—1798）的章奏，才意识到其史料价值，就奏请张之洞停止焚毁，用破旧米袋装满了八千袋大内档案，将它们放在国子监敬一亭和学部大堂两处，从此内阁大库的档案开始向外流散。

1913年，北洋政府教育部在国子监设历史博物馆筹备处，接收了这批档案。1916年，该处迁往午门。由于历史博物馆经费不足，主事者又不得其人，当时所谓的"整理"只是将档案倾倒在地上，由部员各自拿一根棍子拨取，稍微整齐地留下来，完全没有专业人士参与，最后草草检出敕诰、廷试策论等外观精美者陈列于午门楼上，其余则堆积于端门门洞中，视同废纸。

1921年，北洋政府财政困难，历史博物馆为筹措工资，报请教育部，将这批档案的四分之三（约15万斤）以4 000银元卖给北京西单牌楼的同懋增纸店造纸。该店去除麻袋，泡水后用芦苇席捆扎成包，用大车分送到定兴、唐山两地，作为纸料，同时又零星卖出不少。

1922年2月始，北京大学接管了还保存在历史博物馆的另一部分档案，并成立机构，整理了523 200多件和600多册档案。

1922年6月，有人拿了朱批谕旨和题本之类的清代档案要卖给罗振玉的朋友、清朝遗老金梁，他立刻认出这是内阁大库的档案。后来，罗振玉与金梁多方打听才知历史博物馆已将大内档案卖给同懋增纸店。于是，经悦古斋掌柜韩益轩协调，以三倍之价12 000元从同懋增纸店购回。已运往定兴的运回北京，暂存在彰仪门货栈赁屋30余间，已运往唐山的运回天津罗家库书楼。

罗振玉购得这批大内档案后，招募了十多人排检，整理出《史料丛刊初编》共10册。此时，北洋政府教育部出售大内档案一事，引起了社会舆论的谴责。北洋政府也想把这批档案收归国有，清史馆也向他商议收藏，但罗振玉没有同意。

可以说，罗振玉在抢救下这批档案时功不可没，然而接下来的十多年来，罗振玉却做了许多不该做的事。他手中的大内档案被一分为三陆续散落各处。

1924年，罗振玉留下了一部分档案，其余的以16 000元的高价卖给原清朝遗老李盛铎。李盛铎是清末出国考察的五大臣之一，又是个古物收藏家。后来，李盛铎将其中6万件给了溥仪。经傅斯年、陈寅恪等学者的斡旋，剩下的卖给了中央研究院历史语言研究所，算是归公了。此时的档案约10万斤，搬来倒去，十分杂乱，完整的约五分之一。历史语言研究所又从中选择，编辑出版了《史料丛刊》和40册《明清史料》。

1927年，罗振玉把存留档案的一部分又卖给了日本人松崎，共40多箱。为了应付舆论，在档案运出海关后，北洋政府内务部才下令严查，而松崎已经带着大批大内档案走了。

1936年，罗振玉将他存留最珍贵的档案共4 872件，奉献给伪满洲国皇帝溥仪，以表示他对爱新觉罗主子的忠诚。

这就是当时著名的清朝内阁大库八千麻袋事件。鲁迅先生于1928年1月28日在《语丝》周刊第四卷第七期发表《谈所谓"大内档案"》一文，强烈谴责和抨击北洋当局。他说："中国公共的东西，实在不容易保存。如果当局者是外行，他便将东西糟完，倘是内行，他便将东西偷完。"

后来，历史语言研究所将部分档案携至南京，几经周折，又迁到台湾。剩下的大约5万斤，约1 700麻袋，为中国第一历史档案馆财产，仍存放在午门楼上。这1 700个麻袋一直躺到中华人民共和国成立。直到1958年3月，国家档案局向国务院请示，得到副总理兼秘书长习仲勋的批示，同意清理。经过两次大规模的清理，1958年9月25日，国家档案局给国务院写了清查报告，并提出具体的处理建议。这批整理成卷的档案，目前存放在中国第一历史档案馆里。至此，经历了半个世纪的"八千麻袋事件"才终于算完结。

参考文献

［1］周雪恒主编:《中国档案事业史》,中国人民大学出版社,1994年。

［2］张会超:《民国时期明清档案整理研究》,上海世界图书出版公司,2011年。

23. 真的？假的？

档案仿真　档案保护

"你看，这是清代滨海一位状元会试时的试卷。"这一天，亮妈带小亮来参观档案展厅，在一份清代试卷前向小亮介绍。

"这就是当时状元的试卷吗？这小楷简直跟字帖里的一模一样啊！难怪人家能考上状元！"小亮由衷地佩服起来。

"这是一份仿真复制件。"负责展厅讲解的小郭阿姨过来，解开了小亮的疑惑。

虽然小亮常来档案馆参观，但这是第一次欣赏档案仿真复制件。看着展柜中的仿真作品，小亮充满了好奇。

"原来还可以是假的啊，我以为你们档案馆的东西都是真的呢。"小亮怯生生地自言自语了一句，怕被妈妈责备，又吐了吐舌头。

"这么说不准确。应该说，我们档案库房里的档案都是原件，而展厅里的档案展品大部分是仿真复制件。"小郭阿姨解释道。

"小郭阿姨，那为什么要用仿真复制件呢？既然馆里有原件，直接用原件布展不是更真实吗？"小亮还是有点不理解。

"小亮，你看，我们展出的很多档案都是珍贵的历史档案……"

"我知道了！小郭阿姨，您让我猜猜好吗？"小郭阿姨刚说了半句，就启发了小亮。

"哈哈，好啊，你说！"小郭阿姨也有点兴奋了，想看小亮能说出什么来。

"您刚才不是说很多档案都很珍贵吗？那这些档案自然就是你们馆里的宝贝了。既然是宝贝，那么天天放在展厅展示或者供人家借阅、翻看，损坏的速度肯定就会比较快了。如果用仿真件，就不用担心原件受损了。我说得对吗？"

"小亮真棒！仿真保护的精髓你领悟了！是这样的，阿姨参观过中国第一历史档案馆和中国第二历史档案馆，那里面清代的传位遗诏、孙中山先生手书'博爱'等档案珍品的利用频率都很高，很多人都想看。所以，这些档案既不能长期放在库房里，又不能无节制地反复利用而缩短寿命。所以，对珍贵档案做仿真处理是档案馆常用的保护原件的方式。"小郭阿姨说。

"还有一种情况：有的档案展览可能需要在多处同时进行，而档案原件只有一件，这时也需要档案仿真件出马。"小郭阿姨又补充道。

"原来是这样，我明白了。小郭阿姨，那档案的仿真复制是怎么实现的呢？"这是小亮最感兴趣的。

"小亮，你问到点子上了。从手工临摹、木刻水印、珂罗版印刷，到基于数字技术的仿真复制，档案仿真复制技术一直在不断发展进步。你看，我们一般通过扫描、修图、印刷等步骤，将一些档案原件的文字、图像、质地再现到相同或者相似的载体上，形成与档案原件相似的作品。档案仿真复制是系统工程，要经过色彩管理、图像采集、图像处理、图像输出、数据存储等不少工作环节。"小郭阿姨解释道。

"从流程上看，只要肯学，也挺好掌握的吧？"小亮说。

"那可不一定。比如，扫描和打印是简单的，但是扫描会导致文件颜色的失真，而打印纸张和原先载体的质感、颜色也大不相同。如何将扫描后的文件进行处理，使其接近原件，这可是一门技术活，需要工作人员用调色软件一点一点尝试。"说着，小郭拿出两份仿真档案，放到灯光下问小亮："你能看出来，这两幅作品中的哪幅更接近原件吗？"

"左边纸张的颜色太亮了，感觉比较假。"小亮看了半天，谨慎作答。

"你说得没错，左边这份是我一年前做的，右边这份是我上个月做的，技术大有进步吧？"小郭一边拿着一份仿真件，一边介绍道。

"那现在咱们国家的仿真复制水平是不是已经很高了？哪种技术水平是最高的？"小亮挺好奇的。

"基于数字技术的档案仿真复制技术具有速度快、效率高、色彩还原逼真、可以按需制作等优点，是目前应用最广泛的技术。但是，我们还不能说现在的档案仿真复制技术达到了很高的水平。不同的技术各有优劣。比如，数字技术虽然好，但是原件触觉上的质地感、嗅觉上的墨香感、原件视觉上的沧桑感等往往会有所欠缺，而人工仿真复制则可以弥补这些不足，其价值就取决于纸质、墨香和沧桑感的'仿真'度。因此，对于重要的纪念展览、陈列，我们还是采用人工仿真复制档案的方法。"小郭阿姨分析得非常清楚。

"小亮，你看，小郭阿姨的解释很辩证。做事情、做学问都要有这样的态度。"妈妈不失时机地引导小亮。

"我明白了！原来是这样。我觉得档案仿真复制还是技术与艺术的结合呢！那仿真复制还需要注意什么呢？"小亮认真地问。

"好一个'技术与艺术的结合'，小亮概括得真好！要注意的事项还挺多。一般来说，要注意保持档案历史原貌，高度重视档案原件保护，根据不同需求开展不同层次的仿制，严格限制仿制件的数量和使用。仿真工作既要做得真，又不能乱了真。"小郭阿姨补充道。

"什么叫不能'乱了真'？"小亮感觉有点蒙。

"小亮啊，你是不是觉得仿真复制件越接近原件越好？甚至最好做到'以假乱真'？"小郭阿姨说。

"那当然啊，越真才越有代入感，才越容易共情啊！"小亮不假思索地回答道。

"可是，你有没有想过，如果太逼真，就会有不怀好意的人用它们来干坏事。"小郭阿姨提醒道。

"太真了就是我们常说的'高仿'，这样当然也不对。"小亮有点明白了。

"所以，仿真复制需要用标识来严格区别仿真件与原件。每件仿真复制件都有明确、唯一的识别特征。如采用隐形油墨做隐形标识、嵌入水印或缩微文字标识等方式，规定仿真复制件的制作尺寸小于原件尺寸一定比例，仿真复制件加盖专用档案复制印章，配上标签，写明仿制信息等措施。"小郭阿姨接着补充道。

"这就稳妥多了。"小亮表示认可。

"有兴趣的话，你可以好好学习一下《档案仿真复制工作规范》（DA/T 90—2022）。"

参考文献

［1］张莹：《谈谈重要历史档案的仿真复制》，《民国档案》1998年第2期。

［2］黄静涛：《细节决定成败——基于数字技术的档案仿真复制工作经验谈》，载中国档案学会编《档案与文化建设：2012年全国档案工作者年会论文集（上）》，中国文史出版社，2012年，第488—492页。

［3］李玉民：《谈档案仿真复制的独特作用与规范管理》，载马淑桂主编《行与知——社会主义文化大发展大繁荣中的档案工作》，中国文史出版社，2012年，第139—145页。

金匙

《档案仿真复制工作规范》知识问答

问：档案仿真复制工作的总体要求是什么？

答：保护原件、仿制逼真、满足利用。

问：档案仿真复制对工作人员有什么要求？

答：需配备熟悉档案业务并具有较高组织协调能力的管理人员，以及具备计算机知识、相关软硬件操作能力、一定美学知识、美术摄影基础以及档案修复和保护专业素养的技术人员。

问：档案仿真复制管理制度应包含哪些方面？

答：岗位管理、人员管理、场地管理、设备管理、档案原件和仿真复制件管理、耗材管理、数据管理、工作台账管理等。

问：档案仿真复制的工作包括哪些流程？

答：工作审批、档案原件交接、前期整理、图像采集、图像处理、图像输出、后期制作、质量检查、档案原件及仿真复制件交接、档案仿真复制件利用、数据管理与利用等。

问：进行图像扫描时，对分辨率和存储格式有什么要求？

答：扫描分辨率不低于300 dpi，高精度仿真复制扫描分辨率不低于600 dpi；扫描图像存储格式建议选择TIFF或

JPEG。

问：进行图像拍摄时，对拍摄精度和拍摄图像存储格式有什么要求？

答：拍摄精度的折算分辨率不应低于300 dpi，拍摄图像存储格式应使用RAW。

《档案仿真复制工作规范》（DA/T 90—2022）

24. 篡改档案是违法的

关键词

篡改档案　档案信息安全

"这对姐弟这样篡改会计凭证档案，太不像话了！"正在读报的爷爷突然站了起来，十分气愤地叫出声来。

"怎么啦？"全家人都闻声而来。

"你们来看这篇报道。"

原来事情是这样的：浙江省丽水市青田县原国营电器厂工人陈某为办理有毒有害工种提前退休事宜，多次到该县档案馆查询电器厂会计凭证。因未能在档案中查询到相关内容，陈某及其姐姐便趁工作人员不备，在该厂1995年1月的工资表上添加自己的工资信息。

县档案馆工作人员为陈某复印相关档案时，发现档案中陈某的工资信息字迹与其他人的明显不同，且工资合计后与总额不一致。工作人员调取现场监控后，确认陈某存在改动档案的行为，立即将该情况向县档案局通报。

"这胆子也太大了，这样的行为不仅破坏了档案原件，而且对其他人后期利用档案也造成很大影响，后果严重。"档案管理人员亮妈立即反应。

"是啊，这也违反了档案法的相关规定。"最近在学习档案法的小亮也说道。

"没错，《中华人民共和国档案法》第四十八条规定：单位或者个人篡改、损毁、伪造档案或者擅自销毁档案的，由县级以上档案主管部门、有关机关对直接负责的主管人员和其他直接责任人员依法给予处分。小亮最近学得不错嘛！"亮妈道。

"鉴于陈某的行为违反了《中华人民共和国档案法》的相关规定，依法对其处以警告并罚款2 000元。"亮爸边看报纸边读了起来。

"真是大快人心！"小亮高兴道。

"这就是手莫伸，伸手必被捉！人哪，还是要有自己的底线，不能乱起贪念。你们都要记住啊！"奶奶开始教育起儿孙来了。

"小亮，这种问题属于档案信息安全问题。你看出来没有？档案安全不仅是实体上的完整齐全，还包括信息安全。陈氏姐弟篡改了纸质档案，很快就因字迹暴露而被工作人员及时发现。就电子档案、照片档案等非人工识读的档案而言，还有更多的要求，如保障档案信息的读取安全、保障档案信息不被篡改、不流失、不泄密等。"

"看来保护档案真不容易啊！"小亮感叹道。

链接

《中华人民共和国档案法》第二十四条规定"涂改、伪造档案的"，"由县级以上人民政府档案行政管理部门、有关主管部门对直接负责的主管人员或者其他直接责任人员依法给予行政处分；构成犯罪的，依法追究刑事责任"。

《中国共产党纪律处分条例》第七十三条规定："篡改、伪造个人档案资料的，给予严重警告处分；情节严重的，给予撤销党内职务或者留党察看处分。"

25. 二十五年前的明信片

关键词

档案保护　档案载体　档案记录方式

　　"妈妈，您在看什么？哦，是明信片啊。它们看起来有些年份了，写的什么？好可惜，明信片上的字迹都花了。"周末一早，小亮看到妈妈坐在桌旁翻看明信片，便凑过来问。

　　原来，过几天亮妈的高中同学要举行毕业后的周年聚会。所以，亮妈就找出了装着"往日记忆"的"百宝箱"。亮妈手上的这张明信片是她高中毕业时同学赠送的。明信片上的娟秀字迹让她想起了清新可人的王芳同学。唯一遗憾的是，当时王芳用彩色水笔写的祝福语，现在字迹已经漫漶了。

　　"说起来，这张明信片保存到现在已经有二十多年了。可惜当年妈妈还没有档案保护意识，同学之间写明信片都喜欢用彩色水笔。"亮妈略有遗憾又无比怀念地说道。

　　"怪不得您总是跟我说：想要长久保存的东西一定要用碳素墨水笔或质量好的黑色中性笔来写。"小亮恍然大悟道，"但是，明信片如果只有黑色字迹，是不是有点单调？有没有办法能让明信片又好看又能长久保存呢？"

"如果想让明信片好看一点，可以选择用好一点的颜料，像藤黄、朱砂、石绿等天然颜料或者人造颜料中的炭黑、铁蓝等无机颜料。这些颜料的耐久性也是很好的。"亮妈笑着说。

"那哪种字迹不耐久呢？"小亮好奇地说。

"不耐久的字迹材料一般有两种情况。一种情况是：字迹材料的色素成分是染料时，无论色素成分与纸张的结合方式是哪种类型，均不耐久。比如纯蓝墨水、红墨水、圆珠笔、彩色水笔等。另一种情况是：字迹材料的色素成分与纸张的结合方式是黏附的，无论其色素成分是哪种类型，都不耐久。比如铅笔。小亮，你还记不记得，你上小学的时候最喜欢用铅笔记笔记，结果没多久，好多字迹就磨花了，你着急得哭过呢。"亮妈揶揄道。

小亮的脸瞬间爆红："妈，您怎么能说我的伤心往事呢，那时候我不是不懂嘛！"

"好好好，今天又学了一招！"妈妈笑了。

"是啊，现在我知道了什么样的字迹才耐久了！"小亮高兴地说。

链接

字迹与档案寿命

字迹是决定纸质档案寿命的重要因素。字迹的耐久性又与字迹色素成分的耐久性以及字迹与纸张结合方式的耐久性相关。

常见的档案字迹色素成分是：炭黑、颜料和染料。炭黑、天然颜料、人造颜料中的无机颜料耐久性较好。

色素与纸张的结合方式有：结膜、吸收、填充或黏附。以结膜方式把字迹固着在纸张上，耐久性较好。

常见档案字迹材料耐久性分析表

序号	档案字迹材料种类	字迹主要色素成分	色素与纸张结合方式	字迹耐久性	字迹或纸张的可能变化
1	墨和墨汁	炭黑	结膜	最耐久	基本不变
2	碳素墨水	炭黑	结膜	最耐久	基本不变
3	蓝黑墨水	颜料	吸收	比较耐久	酸性较大，字迹处纸张易破损
4	纯蓝墨水、红墨水	染料	吸收	不耐久	不耐水、不耐光
5	黑色油墨	炭黑	结膜	最耐久	基本不变
6	红、蓝色油墨	颜料	结膜	最耐久	基本不变
7	圆珠笔	染料	吸收	不耐久	不耐光、不耐热、不耐酸碱、易油渗、易扩散
8	手写复写纸	染料（油溶黑、油溶蓝）	吸收	不耐久	不耐热、易油渗、易褪色
9	打字复写纸	颜料（墨灰、铁蓝）	吸收	比较耐久	变化不大
10	铅笔	颜料、染料	黏附	不耐久	不耐磨
11	印泥	颜料	结膜	比较耐久	变化不大
12	印台油	染料	吸收	不耐久	不耐光、不耐水、遇碱易变色
13	铁盐复印图	颜料	吸收	比较耐久	变化不大
14	重氮盐复印图	染料	吸收	不耐久	干法显影污染环境，湿法显影线条易扩散
15	静电复印	炭黑	结膜	比较耐久	变化不大
16	针式打印	色带色素是染料	黏附、吸收	不耐久	易扩散

续表

序号	档案字迹材料种类	字迹主要色素成分	色素与纸张结合方式	字迹耐久性	字迹或纸张的可能变化
17	针式打印	色带色素是颜料	吸收	比较耐久	变化不大
18	喷墨打印	喷墨墨水是染料	吸收	不耐久	易扩散
19	激光打印	炭黑	结膜	比较耐久	变化不大
20	热感记录传真件	染料	吸收	不耐久	不耐光、不耐热、不耐酸碱
21	静电记录传真	炭黑	结膜	比较耐久	变化不大
22	喷墨记录传真	喷墨墨水是染料	吸收	不耐久	易扩散
23	喷墨记录传真	喷墨墨水是颜料	吸收	比较耐久	变化不大

26. 小亮的书房

 关键词

档案架排列　档案存放

小亮搬新家了。他终于有了自己的书房。高中以来，小亮的书和其他物品越来越多，东西堆得到处都是。妈妈干脆给小亮买了一个新书柜。

"小亮，这个书柜你想放在书房的哪边呢？"

小亮看了看书房，窗户在正东，此时阳光正好。小亮眼珠一转，便说："这可难不倒我，书架要放在北面或者南面；书柜不能对着窗户，否则阳光容易直射到书上。如果这些书经常暴露在阳光下，纸张就很容易发黄变脆。所以书柜要放在与窗户垂直的方向。"

"回答正确。小亮的档案知识越来越丰富了。"亮妈高兴地说。

小亮也笑了起来，说道："那是，也不看看我妈妈是谁。"

"就你贫嘴。赶紧整理你的书房吧。"亮妈戳了戳小亮的头。

小亮立刻行动起来，没多久就把东西都整理好了。书摆放得还算整齐，就是有一些打印的资料和本子立不住，歪歪扭扭地，还有一些照片随意地放在书架上。小亮越看越不满意，不知道该怎么调整，只好向妈妈求助。

妈妈告诉小亮："就档案而言，主要有竖放、平放、卷放和折放四种方法。

一般情况下，装订成册的档案、盒装档案、照片档案、磁带、光盘等都是竖放的。一些珍贵档案和不宜竖放的档案，如大张的照片、纸张脆弱的底图等适合平放。平放时要控制叠放高度，以防受压过重而导致档案损坏。档案受潮后又干了，干了又受潮，再加上重物的挤压，时间久了，有可能变得像砖头一样，也称'档案砖'。大幅面的字画、照片，则可以用卷放的方法。将这些字画、照片卷成圆筒，放进特制的装具内以节省存储空间。幅面较大、纸张较好、机械强度较高的档案，比如蓝图，还可以折叠成A4纸大小，再放进相应的档案装具。妈妈上次买的档案盒还有剩余，你可以利用起来，放一些资料。"

在妈妈的指点下，小亮重新整理了书架，把零散的打印资料和本子按年度做了编目，分别放进档案盒。他对书架区域进行了分类，主要分为小学、初中、高中三个区域。在不同的区域中，又按年度作了区分。大部分书籍都是竖放的；照片、磁带则单独整理、单独摆放；还有一些较大的照片和书法字画就卷起来放进圆筒里。经过这一番规整，小亮书架上的物品瞬间有序了。

"太棒了！这么一整理，以后我就不怕找不到资料了。"小亮看着自己的劳动成果，满意地自言自语。

链接

"档案砖"及其解黏

档案纸张长期被水浸泡、受潮、纤维素迅速膨胀、水解，或受泥土包裹，霉菌、酵母等微生物在代谢过程中产生的各种黏着分泌物在重物挤压下，会使部分或全部档案纸张黏结成块，形成用手掰不开、像砖头一样的纸砖，俗称"档案砖"。

要解黏"档案砖"，需要特殊的技术，一些档案技术人员长期致力于这一领域。例如，2021年，内蒙古档案馆承担的国家档案局档案科技立项项目"新型低温无损'档案砖'揭黏研究及专用设备研制"通过国家档案局的验收。他们利用水的物理特性，结合造纸和现代的物理、化学及计算机等技术，运用层析理论，研制出了由纸张加固、脱酸、字迹固色等成分配制的"解黏浸润液"，弥补了以往解黏工艺有损档案的弊端，同时设计研制出在真空冷冻环境中，通过增加特殊升华能传导装置的揭黏专用技术设备及工艺流程，创新性地解决了"档案砖"无损揭黏的技术难题。

《档案科技项目顺利通过验收》，内蒙古档案网站，2021年11月22日

27. 梅雨时节防潮忙

关键词

库房　档案防潮

　　雨一直下，细密的雨珠击打在地上，弥漫起一层水雾，空气中散发着潮湿的气息，南方的梅雨时节来临了。"我得去库房再看看。"这是亮妈最近常说的一句话。这个季节，档案库房的防潮工作可不能忽视。

　　"姐，快坐下来歇歇。一上午您就没有停下来过，快喝杯水。"同事小郭给亮妈端来一杯水。

　　"这不又到梅雨季节了，空气太潮了，库房防潮工作我得盯着。我们国家每年受损的档案材料中，有相当一部分是因为防潮处理不当造成的。咱们滨海市以前有一个单位的档案室设在紧靠卫生间的地方，整个房间的面积只有8平方米，门窗破烂，墙壁脱落，室内霉气冲天，灰尘四起。结果，数万份档案材料几乎无一不受潮霉烂，遭虫蛀蚀，给单位造成了严重损失。"亮妈感慨道。

　　"是啊！档案管理并不是简单的文件材料收集工作。把档案材料收集起来，随意找个地方储存，要用的时候再拿出来——这种做法是万万不可的。"同事小李走过来，也附和道。

　　的确，每逢梅雨季节，如果缺乏防潮处理知识和安全保护措施，档案的命运就会不堪设想。亮妈所在的滨海市档案馆的防潮工作一向做得比较好。档案馆从选址开始就有比较强的防潮意识，完全按行业标准的要求建设。档案库房选在高处，离水源较远，空气湿度相对较小。从防潮的角度看，库房内配备了空调、除湿机、加湿器等调湿设备。天气晴朗的时候，工作人员还会为库房开窗通风。

今年的梅雨季比较长，可把大家忙坏了。亮妈和同事们每天都要到库房去好几趟，生怕哪个地方出问题。因为库房和里面的设备都用了好多年，必须经常检查。梅雨季节，潮湿常常是无孔不入的，有时候雨水会通过屋顶、外墙、门窗渗入库内，有时候库外潮湿的空气会通过门窗的缝隙侵入库内，使库内湿度升高。这不，今天一早，全馆工作人员还一起检查了屋顶、外墙和门窗，好在没有发现隐患。

滨海市档案馆的档案库房屋顶是人字形的，这种屋顶从防潮角度看，比平屋顶好很多。因为它的坡度大，排水快，不容易积水。只要屋顶不漏，就不会有太大问题。前一天大家刚检查过，没有问题。库房外墙今年也比较能让大家放心了。去年秋天，馆里又把外墙勒脚外的那道明沟清理了一次，外面的积水不会侵入墙体；外墙表面也重新涂过防水砂浆，有效避免了毛细现象。至于库房门窗，滨海市档案馆用的是双层门窗，还用空心胶条包边了，而且库房外面还有一条廊道。这样设计，防潮效果是比较好的。

金匙

书房防潮小贴士

档案库房防潮十分重要，那小亮的书房如何防潮呢？以下分享几条小经验：

1. 书柜尽量离门窗远一些；

2. 室外湿气较大时，封闭门窗；室外湿度较小时，打开门窗；

3. 选用除湿机；

4. 远离暖气设备；

5. 书柜里放干燥剂、吸湿盒和除湿包吸潮。

28. 备份，备份！

关键词

档案备份 档案保护

"我回来了，妈。老爸呢?"小亮背着书包兴高采烈地问道。

"小亮回来了呀。你先去做作业，你爸正修理电脑呢!"亮妈头疼地说道。

"啊，电脑怎么了?"小亮边放书包边着急地问。

"今天我们家电脑不知怎么就中病毒了。这不，修了半天了，电脑里大部分文件都找回来了，但是有一些文件目前还没有恢复。"老爸一边摆弄着电脑，一边回头对小亮说。

"老爸，你快看看，我昨天刚用电脑整理完的'初中同学合影和毕业留念'那个文件夹还在不在?"小亮一想到自己仅有的与初中同学的合影有可能丢失，心都要跳出来了。

"我准备好久了，好不容易才把大家初中在一起拍过的照片的电子版收在一起的。手机里的照片都删除了。我本来准备今年初中同学聚会，把这些照片送给大家当礼物的。"小亮急得不行。

"这么重要的文件，你就没有备份到U盘或移动硬盘里吗?"亮妈在一旁惊讶地说道。

空气突然安静，小亮心虚地低下了头，喃喃道："这不是没想到咱家的电脑会突然出现问题嘛。我本来想着到同学聚会的时候再复制照片。"

这时老爸一边冲小亮使眼色，一边说道："小亮啊，别着急，刚刚爸爸帮你看了一下，那个文件夹还在。可惜里面的照片现在全部散乱了，可能你要重新整理了。"

"在就好。重新整理就重新整理吧，幸好这些照片没丢。"小亮一听说文件夹还在，立刻高兴起来了。

"你们父子真是如出一辙的马大哈。这次是没大事，照片还在，但下次呢？小亮，妈妈今天就给你再上一堂课，讲讲备份的重要性。"亮妈轻轻用手指点了一下小亮的额头。小亮憨厚地笑了起来："好的，妈，我一定好好听讲！"

"先给你讲一件事吧。菲律宾国家档案馆保存了菲律宾的国民出生和死亡档案、城镇规划档案以及税收记录，是人们了解和研究16世纪第一次全球化历史非常珍贵的资料。但在2018年5月28日，菲律宾马尼拉市发生了一场火灾，菲律宾国家档案馆差点毁于一旦。"亮妈说。

"这么严重啊！那些档案都没了吗？要是没了也太可惜了。"小亮还真担心起来了。

"小亮说得没错，这么多珍贵的档案要是随着大火从此消失，是多么可惜的事情！好在这场火灾造成的损失不算太严重，小亮能猜到是怎么回事吗？"亮妈设下悬念。

"让我想想。对了，是不是菲律宾国家档案馆做了备份？"小亮激动地说道。

"不错，给小亮加一分。"亮妈笑着说，"正是得益于菲律宾国家档案馆的工作人员较强的档案备份意识和专业的档案备份操作——数字备份、制作缩微胶卷、异地保存，这场大火造成的损失才降到了最低。小亮，你要知道，天灾人祸有时是避免不了的，要想把我们珍贵的历史、美好的回忆更长久地保存和流传下去，备份便是必不可少的。而且有时候还需要异地备份。你想想，这次如果你事先就用其他存储方式做好了备份，是不是就不用再整理一遍了？如果这次电脑中的病毒严重，必须格式化硬盘，你的照片是不是也有可能完全找不回来了？但如果你有备份，还需要担心什么吗？"亮妈语重心长地讲道。

小亮边听边点头，并认真说道，"妈，我再也不会犯这样的错误了。以后，我也要提高我的危机意识，牢记备份的重要性。我认为有价值的资料和影像，将来都要定期备份。现在我就去备份！"

"这就对了！"亮妈摸了摸小亮的脑袋，欣慰地说。

有些东西，失去了才去珍惜，为时晚矣。把握现在，从备份做起，让美好长存，让历史熠熠生辉！

小贴士

"321"数据备份法则

对于重要数据，遵循"321"备份法则是一个不错的办法，可供实践参考。

"3"表示至少保存3份数据副本，因为单一事件的发生不可能破坏所有副本。

"2"表示至少用2种不同的介质存储数据副本，例如采用磁盘、磁带、闪存、网络存储或云存储等。

"1"表示至少在异地存储1份数据副本，防止因某地发生各类自然灾害而造成的数据损失。

29. 北京有个皇史宬

关键词

档案保管　古代档案库房

　　亮妈去北京出差回来了。一到家，她就兴奋地跟小亮说："我这次去北京开会，去了中央档案馆、中国第一历史档案馆，还去了皇史宬，真是大开眼界啊！"

　　"皇史宬？这个地方我没有听您说过啊。上次去北京您也没有带我去过，这是什么地方？"

　　"皇史宬目前不对游客开放，老妈也没办法。我们这次是由国家档案局组织去的。皇史宬的'宬'字平时不常见，它的意思是古代藏书的屋子，就是古代皇家的档案库房。"

　　"那您给我介绍介绍吧！"

　　"皇史宬，又称表章库，位于现在北京天安门东边的南池子大街南口，始建于明世宗嘉靖十三年（1534年）七月，建成于明嘉靖十五年（1536年）七月，当年八月二十日正式投入使用，至今已有489年的历史了。皇史宬占地面积8 460平方米，建筑面积3 400平方米，是我国现存最完整的皇家档案库。主体建筑屋顶的庑殿式形制、黄琉璃瓦、吻兽相向，这些特点都说明它是最高等级的宫殿建筑。从档案保护的角度看，'金匮石室'

是其主要特点。库房全部用整石雕砌，台基、墙壁均由砖石砌成，门窗、梁坊和斗拱等传统上应该用木料的地方也用了仿木石料，所以人称'石室'；南北墙厚分别是6米，东西墙厚分别是3米；正南有5座券门，每座约重2吨。殿内大厅无梁无柱，地面筑有1.42米高的石台，台上排列了150余个外包铜皮雕龙的樟木柜，称为'金匮'，主要用来存放皇家圣训（明代称'宝训'）、实录和玉牒。明代还在此珍藏过明成祖时编纂的《永乐大典》的副本。"

"圣训、实录和玉牒是什么？"

"圣训，是皇帝告诫臣下的诏令、言辞。明朝的训谕编集叫《宝训》；实录，是记载皇帝在位期间的重要史实的文书；玉牒，是指皇族的族谱。新皇帝登基后，会命史官编纂前任皇帝的实录和圣训，并每日晨读先皇'圣训'一节，以为施政的座右铭。"

"原来是这样。皇史宬这样的建筑一定非常坚固吧？"

"是啊，皇史宬全部用砖石材料，既可防火，又能防震，经历几百年岿然不动。你也知道，温度和湿度对档案的影响相当大，那么厚的墙壁可以使室内温度、湿度不会明显受外界气候变化的影响。这样的构造就形成了天然的空调。皇史宬的室内温度，冬天能保持在15℃左右，夏天不超过25℃，这就使珍藏的皇家档案免受损坏。殿内高台上陈列着150多个'金匮'，既可泄水，又可防潮；东西两侧对开的窗户和拱形屋顶便于通风；5座券门便于运送档案。"

"这么看来，古代劳动人民还是很有智慧的。"

"可不是嘛！"

"当时为什么会建这么一个库房呢？"小亮的好奇心上来了。

妈妈也很乐意满足小亮的好奇心，继续娓娓道来。她说，皇史宬的修建原因有两个。第一个原因是大学士丘濬的建议。《明孝宗实录》卷六十三记载了弘治五年（1492年）五月内阁大学士丘濬的上疏建议，他建议在紫禁城文渊阁附近，仿古代"金匮石室"修建一座"立为案卷，永远存照""不用木植，专用砖石垒砌"的档案库房。第二个原因是当时宫中经常发生火灾。《山樵暇语》就记载了明英宗正统十四年（1449年）"北内大火，文渊阁向所藏之书悉为灰烬"的事。武宗正德四年（1509年）文渊阁又发生了一次火灾。嘉靖十年（1531年）宫中再次发生火灾。到了嘉靖十三年（1534年），皇帝终于下定决心要建造一座坚固的档案库房。但此时的方案与丘濬的建议相比，有了一些改变：皇帝将建造地点选在南池子一带，这样既可以和其他宫苑建筑连成一体，又离紫禁城不远，还便于专门保管和查阅档案。此后，皇史宬在明隆庆年间和清嘉庆年间还修缮过。

"妈，我还有一个问题，这样的档案库在明代之前有吗？"

"有啊，'金匮石室'之制在《汉书》里就有记载。但由于年代久远，多数已毁，像皇史宬这样保存完整的，非常少见。所以，皇史宬在今天就更能显出其特殊价值。"

"现在皇史宬里面还保存着皇家圣训、实录和玉牒吗？"

"现在'金匮石室'还在，但皇家圣训、实录和玉牒已经移存到中国第一历史档案馆了。再给你讲讲清王朝灭亡后皇史宬的命运。1911年，清朝政府被推翻后，皇史宬一度仍归溥仪小朝廷的内务府管理，1925年溥仪出宫后，皇史宬由北平故宫博物院接管。这个时期，皇史宬长期处于封存状态。1949年，北京市人民政府把皇史宬列为市级重点文物保护单位。1955年，国家档案局成立，皇史宬移交国家档案局管理。从1956年起，国家陆续拨款，对皇史宬进行多次修缮。1982年，皇史宬又被国家文物局列为全国重点文物保护单位。如今，皇史宬由中国第一历史档案馆直接管辖。"

"明白了，我好想去看看'金匮石室'啊！妈妈，暑假带我去北京吧！"

"好！咱们下个暑假就去！"

图说

皇史宬主体建筑

石室

金匮

参考文献

周雪恒主编：《中国档案事业史》，中国人民大学出版社，1994年。

30. 搬新馆啦!

关键词

档案保护　新馆建设　库房建设标准

妈妈所在的档案馆建了新馆,小亮也想去见识见识。为了让妈妈爽快地答应,他决定跟妈妈聊一聊。

"妈,你们的新馆一定比旧馆好吧。您能说说好在哪里吗?"

"哟,小亮也关心起滨海市的档案事业啦!"

"那当然,谁让我们家与档案有缘呢!"

"好吧,我就简单跟你聊聊新馆建设吧。我们的旧馆,库房容量已经饱和,管理功能也不太齐全,比如调卷就无法实现自动化,人工取放、送件费时费力,很不方便,有的库房离国家标准还有差距,现代化的设施也不到位。所以,这次建起了一座高起点、高标准、高质量的现代化档案馆。

我们的新馆完全按照国家《档案馆建设标准》(建标103-2008)和《档案馆建筑设计规范》(JGJ25-2010)进行建设,立足长远,进行了周密的规划。真正做到了《档案馆建设标准》第五条所说的'满足档案馆作为安全保管党和国家重要档案的基地、爱国主义教育基地、档案服务中心、已公开现行文件利用中心和政府信息查阅的法定场所的设置要求,同时要满足社会公共文化服务的要求'。"

"您上次讲的明清档案库皇史宬，我印象还很深。我还真想了解一下现代档案库有什么要求。"

"这涉及很多内容。你要是感兴趣，可以去看看《档案馆建设标准》。当然，你要是有特别关注的问题，我也可以回答。"

"档案馆的选址有什么要求吗？我上次见有个档案馆就建在湖边，我觉得这样很潮湿啊！"

"小亮很有档案职业敏感嘛！你说的那个档案馆除了潮湿，地势也偏低，可能是早期建的。按现在的标准，档案馆应选择建在工程地质条件和水文地质条件较好的地区；应远离易燃、易爆场所，不应设在有污染腐蚀性气体源的下风向；应选择地势较高、场地干燥、排水通畅、空气流通和环境安静的地段；应选择交通方便、便于利用，且城市公用设施比较完备的地区；高压输电线不得架空穿过馆区。"

"那对墙体厚度有没有要求？"

"没有很明确的数据，一般要具体情况具体分析。档案库应减少外墙面积，围护结构应根据其使用要求及室内温度湿度、当地室外气象计算参数和有无采暖、通风、空调设备等具体情况，通过技术经济比较，合理确定其构造，并应符合一些具体的技术指标。《档案馆建筑设计规范》中有具体要求。好马还要配好鞍，新馆建好，里面还需要配备现代化设施。这些我就不多说了，你再慢慢了解吧。档案馆的建设是项大工程，不是一两句话能说清楚的。"

"是啊，要是一两句话就能说清楚，那还要老爸做什么！"不知什么时候爸爸冒了出来。

"呀，怎么把老爸的特长给忘了。下回哪个档案馆征集新馆室内设计方案，让老爸去应征呗！"小亮冲着妈妈做了个鬼脸。

"哈哈，一切皆有可能。况且咱家还有你妈这高级参谋，说不定就选上了。"爸爸还挺自信，妈妈也很开心。

　　"那明天可以带我去看你们新馆了吧！"小亮想起"正事"，赶紧把妈妈拉回现实。

　　"没问题！"妈妈答应道。

图
说

福建省档案馆部分设备

中控室

轨道小车传输系统

库房密集架

纸浆装裱机

第四篇

查 档

31. 哪些档案可以查？

关键词

档案查询 档案利用 档案开放

"小亮，在不在家呀？"一个夏日的午后，小亮正在家里跟妈妈准备着晚上的甜点，就听见门外传来李爷爷的声音。

"爷爷，我在，您要吃点心吗？我和妈妈正在做。"小亮打开门道。

"哎呀，亮妈也在呀，那就好办了，爷爷现在需要你们的帮忙。你们不是说档案馆可以查档案吗？我昨天去查档案，结果工作人员非说不能看。这就奇怪了，那档案不就在库房里面吗？怎么就不能看了！"李爷爷因为这次白跑一趟，气得够呛，在小亮家吐苦水。

"不过我也不是不讲道理的人，我本来还要跟工作人员理论的，但是见来查档案的人太多了，我就先回来问问你们母子俩。"李爷爷一边说，一边拉了一张椅子坐下。

"李叔，您先别生气啊。这白跑一趟，谁都会不开心。不过，您先说说要查什么档案，我想工作人员肯定不会故意为难您的。"妈妈拿出点心让小亮给李爷爷送去。

"我就是想查一查2015年滨海市某水库建设的文件，并不是查很久之前的档案，他们就说不能看。"李爷爷接过小亮递过来的甜点和茶水，先

喝了一口茶道。

"李叔啊，这个我刚好知道，不是工作人员为难您，是您查的这个档案暂时还没有公开。"妈妈听完李爷爷的话，解释道。

"这样吗？我还以为档案馆里的档案我们都可以查询呢，没想到还有这一说。那具体规则你给我这老头子再说一说，我年龄大了，总白跑也挺累的。"李爷爷回答道。

"当然没有问题！"妈妈答应着，"一般而言，从档案开放规定来看，中华人民共和国成立以前的档案，包括清朝、民国时期的档案和革命历史档案，经过鉴定开放后，都可进行查询；至于中华人民共和国成立以后的档案，一般自档案形成之日起，满25年后，经过鉴定开放后，也可以进行查询。"

"这要是从开放类型来说，可以查询的档案包括学籍、婚姻、职称、移民、知青、劳模、退伍军人、先进工作者、出生医学证明、土地承包登记、山林承包登记等类型的档案，涉及生活的方方面面。您要查的这份档案，目前还没到开放期限，到了开放期限也还需要开放审核，审核通过才可以；如果审核结果是'不能开放'，那您还是不能查看。比如水库档案内容如果涉及需要保密的关键信息，也有可能不开放。"妈妈解释道。

李爷爷恍然大悟道："那我明白了，原来这么复杂啊。"

"您以后要是查档案，可以先打电话问一问。现在档案部门的便民服务工作也做得很好。或者问问我，这样也不用白跑了。"妈妈说道。

"这个主意好，以后我就先打电话问一下。这查档案真是一门学问，怎么查，哪里能查，能查什么，还需要好好研究研究。"说完，李爷爷又喝了一口热茶："那就不打扰你们俩做饭了，老头子我先走了。"

"李爷爷再见，这点心带回去给小孙子一起尝尝！下次咱们一起去档案馆啊！"小亮把李爷爷送出门外，挥手道别。

链接

　　《中华人民共和国档案法》第二十七条规定："县级以上各级档案馆的档案，应当自形成之日起满二十五年向社会开放。经济、教育、科技、文化等类档案，可以少于二十五年向社会开放；涉及国家安全或者重大利益以及其他到期不宜开放的档案，可以多于二十五年向社会开放。国家鼓励和支持其他档案馆向社会开放档案。档案开放的具体办法由国家档案主管部门制定，报国务院批准。"

32. "导航开始"

关键词

档案检索　查阅档案

"奶奶，我来教你。你看，打开一款地图软件，在搜索栏写好要去的地方，点'到这去'，再从步行、骑行、乘坐公交、打出租车或者驾车等选项中选出一项，卫星地图就可以为您规划出恰当的路线，点'开始导航'，接下来你只要按照手机导航的声音指令行进就可以了。"

"那我操作一遍，你看看对不对。"活到老，学到老。小亮的奶奶虽然没什么文化，但学习精神可嘉。

"为小亮的孝心点赞！"爸爸摸了摸小亮的头。

"小亮，地图导航用得这么熟练，对妈妈的档案馆有没有这么熟悉啊？"

"这没有可比性。老妈，您这是偷换概念。不过，你们档案馆的确也需要导航，特别是在查阅档案的时候。"

"能准确发现问题，不错！"

"档案馆收藏的档案汗牛充栋，没有导航肯定很难找到想要的东西吧？"

"这想法不错，我们平时不称'导航'，我们叫'档案检索'。从我们

国家的情况看，档案检索的发展经历了以下五个阶段：一是手工检索阶段，二是脱机批处理检索阶段，三是联机检索阶段，四是光盘检索阶段，五是网络检索阶段。"

"那现在一定已经实现网络检索了。"

"是的，根据档案的情况，这几种检索方式仍然并存。有一部分档案已经联网，读者可以进入档案馆网站查询；有的档案馆也提供微信查询。不过在网上大多只能查到目录。"

"为什么不能查全文呢？"

"档案跟其他信息不一样，只有公布过的档案才可以全文上网的。对此，我们国家的档案法是有规定的。"

"原来如此。那没有联网的档案，我们就不能查了吗？"

"当然也可以，不过得到档案馆去查了。你只要提出需求就可以查检，档案馆里不仅备有手工检索的各种检索工具，还备有档案检索系统。当前，我国各级各类档案馆基本实现了计算机检索，要查阅档案还是很方便的。"

"那如果还是查不到呢？"

"那我们一般会向用户建议其他检索入口，如政府职能部门、企事业单位等。"

"妈，我画了张示意图，您看这算不算给档案馆查档做了个导航？"

下面小亮的查档导航示意图，您看懂了吗？

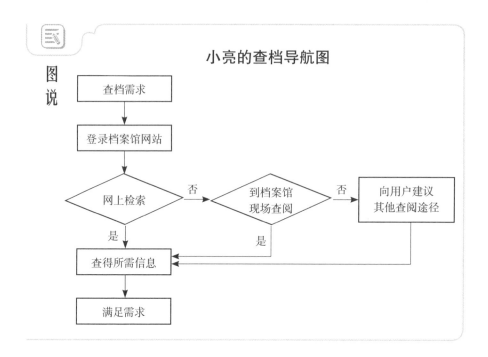

小亮的查档导航图

图说

查档需求

登录档案馆网站

网上检索 —否→ 到档案馆现场查阅 —否→ 向用户建议其他查阅途径

是

是

查得所需信息

满足需求

33. 捷径

关键词

档案检索　查档须知

　　王姨是小亮的邻居。这天，王姨想去查阅一份早年的档案，亮妈陪王姨一起去查，小亮也跟着去了。

　　"妈，您走错了，这不是去你们档案馆的方向。"小亮发现妈妈走的并不是每天上班的路。

　　"没错，我们今天去的不是妈妈的档案馆，而是A区档案馆。你王姨想查的档案在A区档案馆。"

　　"你怎么知道在那里？"

　　"现场查阅档案之前，最好了解一下自己要查的档案所在地，这样才能走捷径，否则会事倍功半。每个档案馆都有馆藏指南、全宗介绍等指南性的检索工具，善于利用它们对查阅档案非常有帮助。"

　　"还好有你妈妈帮忙，不然王姨真就直接跑到你妈妈的档案馆去了。"王姨十分感谢。

　　到了A区档案馆的利用服务大厅，小亮妈指了指墙上的《查档须知》，告诉小亮："你先看看这个，记得不管去哪个档案馆，先要了解一下人家档案馆的查档要求。"

　　小亮一抬头，利用大厅的显眼处果然挂着"查档须知"的牌子。妈妈带着王姨查档案去了。小亮自己读了读《查档须知》，发现主要包括查档手续、借阅规则、查档时间、查阅地点、联系方式等。《查档须知》果然一目了然，是查阅档案的好帮手。

　　看完《查档须知》，妈妈和王姨已经查好档案了。王姨复印了自己需要的那几页文件，开心地说："这份档案我找了很久了，没想到真在这里找到了，太好了！今天算是淘到宝了！"

链接

某区档案馆查档须知

　　1. 利用者须持身份证、工作证、单位介绍信等合法证明，在办理阅览登记手续后，方可利用本馆档案资料。

　　2. 利用者查阅重要机密档案，须持指定部门的介绍信，经有关领导签字同意，并每份介绍信只限查阅一次档案材料。

　　3. 利用者查阅结、离婚档案必须本人持居民身份证原件；查阅结、离婚档案如本人确因不可抗拒原因不能亲自来馆查阅或已死亡，须由其直系亲属持被查阅人委托书或死亡证明、亲属关系证明及身份证明来馆查阅；律师或法律工作者前来查阅结、离婚档案须持涉及当事人的立案证明、律师证、介绍信等证件；公检法等机关查阅结、离婚档案须持单位介绍信、工作证。

　　4. 利用者如需查阅与个人有关的政治历史问题、案件、处分、财产纠纷等档案材料，须由单位组织部门开具介绍信派人查阅，当事人不得自行查阅。

　　5. 如需查阅未开放档案，须持档案形成单位的介绍信和查档人的身份证明，说明利用目的及查找范围，经本馆同意，必要时须经上级有关部门审批后方可查阅。

6. 利用者须在指定位置查阅档案资料，不得携出室外，不得翻阅与本人所查档案无关的内容。

7. 利用者应爱护档案资料，阅览时远离水杯、食品等，严禁涂改、勾画、折叠、抽页、污损等危及档案资料的行为，违者严肃处理。查档室内严禁吸烟和大声喧哗。利用者应维护公共卫生，严禁损坏公物。

8. 利用者从我馆摘抄、复印、拍摄档案资料，须经工作人员同意。我馆出具档案证明材料，盖章方为有效。

9. 未经我馆同意，摘抄、复印、拍照的档案资料一律不得公布出版。确需出版引用，应征得我馆同意并注明出处，同时送两份给我馆备查。

10. 利用者登录某区档案局网站可查阅开放档案和现行文件目录，如需进一步查询，请到某区档案馆。

11. 本馆开馆时间为国家法定工作日，如需要在公休日查档，请提前联系。

12. 本须知解释权归某区档案馆。

34. 档案查询驶上快车道

关键词

档案利用　线上查档

　　一天傍晚，妈妈下班回到家，一进门就看到了坐在沙发上吹着空调、看着电视的小亮。只是小亮看起来心不在焉的，不知在为什么事发愁。

　　"小亮，你怎么啦？在家吹空调都不高兴？"妈妈放下包，打趣地问道，"那我这个在外面顶着太阳上班的人，岂不是眼泪都要落下来了？"

　　"是因为隔壁陈爷爷。前些日子我给他普及了不少档案知识。他今天找我，说是要去档案馆查一查他乡下祖屋的土地档案，想让我明天陪着他一起去，可是我明天还约了同学出去玩。"小亮说着说着，脸上的表情越来越委屈。

　　"隔壁陈爷爷可是经常给你带好吃的，帮点忙也是应该的。"妈妈越说，小亮的头越往下低。"我们常说鱼和熊掌不可兼得，但是这次还真有例外。"妈妈突然话锋一转，小亮愣了一下才反应过来，等着妈妈的下文。

　　"你运气好，全国的档案查询利用服务平台已经上线了，刚好可以帮助陈爷爷足不出户查档，这样你的问题也就解决了。而且，陈爷爷乡下的祖屋应该属于其他市的管辖范围。如果真在我们市的档案馆查，估计也不一定找得到。"妈妈说道。

"我的好妈妈，这个系统究竟怎么用啊？您快点告诉我，我好去教给陈爷爷。"小亮催着妈妈快点说。

"利用这个系统也简单，只需登录中华人民共和国国家档案局网站，在网页中选择全国档案查询利用服务平台就可以了。"

"这么简单吗？只需要打开网页，输入要查找的档案就好了？"小亮讲出自己的疑惑，"这样会不会不安全？"

"当然不会，你可别急，听我慢慢说。进入系统后，需要登录相应的账号。这个账号与全国政务平台的账号是相同的，它注册简单，只需要身份证号、手机号就可以完成。这个账号的安全系数很高：用户需要完成人脸识别，否则系统会判定用户身份安全等级过低而禁止用户使用档案查询利用系统。可以说，这是集方便与安全于一体的账号。而且这个系统涵盖了全国1 000余家档案馆，档案内容非常丰富。"

"那我还有一个小问题，全国档案馆数量繁多，档案更是数不胜数，那检索一份想要的档案不就像大海捞针一样？"小亮听妈妈讲完，又有了新问题。

"当然不是，如果要查找档案，用户需要提供姓名、身份证号码等利用者信息，还有利用档案的目的、查找档案的线索、查找档案的类型以及目标档案馆等信息，最后再选择利用方式——可以选择邮寄到家，也可以选择到档案馆自取或者电子邮件寄送扫描件。提供这些信息的目的：一是验证利用者的身份，保障档案的安全利用；二是为了方便档案工作人员根据用户需求，更好地提供查询服务。"小亮能提出问题，妈妈自然很高兴，讲得也十分具体。

"那确实是很方便了，这样陈爷爷就可以直接在家等档案材料寄上门了。不过，我今天还发现有不少档案馆也开通了线上利用微信小程序或者网页查档的功能，它们跟这个平台是一回事吗？"说到这里，小亮突然又有了新思路。

"那是部分档案馆结合自身馆藏自行开发的档案检索利用系统，它们的优点是检索内容更加有针对性，不过全国档案检索利用系统对大量档案馆的资源整合是它们所不具备的。"妈妈想了想，说出自己的判断。

"好的，我现在就去找陈爷爷，帮他完成查档工作！"小亮高兴地从沙发上蹦了起来，鞋子都来不及换，就要去找陈爷爷，"我要让陈爷爷也感受一下，中国可不只有高速公路和高铁，这档案查询如今也走上了快车道"。

链接

全国档案查询利用系统查档须知

一、查档方式

全国档案查询利用服务平台提供网上查档、代查档案两种查档方式，网上查档是指查档用户直接通过平台向受查档案馆申请查档的方式；代查档案是指查档用户到就近档案馆由工作人员协助向受查档案馆进行查档的方式。

二、查档范围

各档案馆已接收进馆的婚姻档案、出生医学证明、土地确权、职称、劳模等民生类档案以及其他开放档案。

三、查档程序

查档程序主要包括查档申请、审核办理和提供利用等步骤。

1. 申请网上查档的申请人须为平台实名认证的注册用户，并同意《网上查档须知》所列条款；代查档案申请人须持本人合法证件或真实有效的证明材料。

2. 查档申请人采用网上方式查档时，须根据自身需求并参考各档案馆提供的查档范围在平台上提出查档申请，准确描述需查档案信息，并根据要求上传合法证明材料，提出查档结果提供利用的期望获取方式。查档申请人采用代查方式查档时，须提供符合档案查阅规定的合法证明，向档案馆工作人员提出查档申请，填写《代查档案申请单》，准确描述需查档案信息，并提出查档结果提供利用的期望获取方式。

3. 受查档案馆对符合受理条件的两种查档方式发起的查档申请，予以受理。根据本馆查阅利用规定，并参考查档申请人的请求获取方式，决定提供档案利用的方式。平台有电子邮件发送、邮政快递发送（邮资由查档申请人自理）、到就近档案馆现场领取、到受查档案馆现场领取等方式可供选择。未查到档案或不符合档案利用规定的，须向查档申请人回复并告知原由。

35. 雯姐的学籍档案在哪里？

关键词

学籍档案　毕业生档案

雯姐一大早就来到小亮家，来找小亮的妈妈请教问题。

"我明白了，那我去那边问一问，也去家里找一找我的报到证。"小亮听到二人谈话的时候，雯姐的问题似乎已经解决了，正在跟亮妈道谢。

"发生了什么事情？让友好的伙伴小亮来帮忙解决吧。"爱凑热闹的小亮自然不会放过这个机会，他走进房间摆了一个动作，逗得亮妈和雯姐哈哈大笑。

"也不是什么大事情，雯姐最近换了一家工作单位。单位人事让雯姐把自己之前的学籍档案一并寄过去。不过雯姐毕业的时候一心忙着找工作，不记得档案在哪里了。"亮妈摸了摸小亮的头，说道。

"学籍档案是不是很重要啊？那雯姐怎么办？"一听事情似乎很严重，小亮也跟着紧张了起来。

"放心啦，只要学校按照规定处理档案，一般是不会丢失的。只不过你雯姐不操心，不知道寄去哪里了！"亮妈一边说，一边看了雯姐一眼，雯姐尴尬地吐了吐舌头。

"毕业后的档案去向，一般有三种：第一种是工作单位有保存档案的权力，学籍档案便会发往工作单位；第二种是工作单位没有保存档案的权利，此时学籍档案可以选择发往学生生源地的人才市场或者工作单位所在地的人才市场，例如我们滨海市人才市场；第三种是学生毕业后工作暂时未定，学籍档案便会寄送到生源地的人才市场。"亮妈开口解释道。

"小亮啊，你雯姐毕业后就在家里复习，备考公务员，你说她的档案应该在哪里呢？"解释完毕后，亮妈话锋一转，考起小亮来。

"应该在学生户籍地的人才市场吧，就是滨海市人才市场！"小亮回答道。

"小亮很聪明嘛！雯姐可是想了好久才想明白，阿姨一说你就知道了。"雯姐也夸小亮道："你的档案基因足够强大啊！"

"其实还有一个好办法。现在很多地方都已经可以用当地的便民应用程序查询了，例如福建籍的学生可以在闽政通应用程序里的'流动人员档案服务'事项里，点击'档案存放地查询'，就可以查到自己的档案存放地。"亮妈又支了一招。

"那如果是在校学生，学籍档案应该在学校吧？还有，雯姐虽然毕业了，但是学校难道就一点都不保存她的档案了吗？"小亮还有疑问。

"当然不是。在校学生的档案自然保存在学校，学校会根据你们的在校表现，在档案内增添材料，例如表彰、处分等；至于雯姐这类离校的学生，学校除了寄出档案外，也会留存学籍档案以备查考。"亮妈继续解释道。

"原来如此。"雯姐和小亮异口同声道。

链接

某校毕业生档案归档范围

（一）入学材料：一般应包括高中学籍卡、高中毕业生登记表、高考报名登记表、高考体检表、高考志愿表、入团（入党）申请书及志愿书等材料；

（二）学习材料：本科学习阶段主修、选修、辅修的各科类课程学习成绩单等材料；

（三）学籍材料：本科学习阶段退学、结业、肄业、休学、转学、保留入学资格、复学等变更材料；

（四）鉴定材料：本科学习阶段学年鉴定表、军训鉴定表等材料；

（五）实习材料：本科学习阶段实习鉴定表、实习报告等材料；

（六）毕业材料：高校毕业生登记表、毕业生就业通知书等材料；

（七）学位材料：本科学习阶段学位申请、授予等材料；

（八）奖励材料：本科学习阶段获得的各级表彰奖励材料，包括各类奖学金登记表及其他荣誉表彰证明材料；

（九）处分材料：在校期间违反校纪校规、触犯国家法律等形成的各类处分决定文件或处理材料；

（十）组织材料：入党（入团）申请书、志愿书、自传、入党积极分子考察表、政审材料、思想汇报、预备党员转正申请书、党团组织形成的其他有关材料；参加民主党派的申请书、登记表等材料；

（十一）体检材料：入学体检表、学年体检表、毕业生体检表等材料；

（十二）出国材料：因公（私）出国（境）审查表、备案表等材料；

（十三）其他具有保存价值、应予归档的学生个人材料。

36. 这些都免费

关键词

档案利用　档案服务　查档

李爷爷是一名空巢老人，孩子都在外地工作。妈妈总是嘱咐小亮多同李爷爷聊聊天。因为是滨海市的"老住户"，李爷爷对于滨海市的老照片很感兴趣，总会找相关资料来看。

这一天小亮跟妈妈在小区散步时刚好遇见李爷爷，李爷爷一见他们就问了起来。

"亮妈啊，你是不是在档案馆工作？档案馆里是不是有很多滨海的老照片呀？"李爷爷问道。

"是啊！爷爷要是感兴趣，明天我妈就可以带您去看看。"小亮抢着帮妈妈回答道。

"去档案馆里面看吗？那是不是比我复印出来看要便宜啊？"李爷爷一听，声音都提高了几分，不过小亮和妈妈却听得云里雾里的。

"李爷爷，您说什么？查档一直都是免费的。"小亮挠了挠头，接着说道，"您不会遇到骗子了吧！"

李爷爷听完小亮的话，眉头一皱，拍手说道："哎呀！我前两天自己在网上搜怎么查档，就有一个人加我为好友，说可以帮我从档案馆里把老照片复印出来。但是要收费，一张照片收我30元！还好我嫌贵，没有答应他。"

听完李爷爷的话，小亮和妈妈长舒一口气，亮妈说道："还好爷爷您多了一个心眼，不然肯定会被骗去不少钱。"

"嘿！爷爷我这么多年的白米饭可不是白吃的！咱们再说说查档的事。那档案馆不收费的话，我该怎么去查档啊？"李爷爷两眼放光，就像已经见到了老照片。

"爷爷，是这样的，我国公民持身份证或工作证、学生证等有效证件都可以到我国各级档案馆申请利用已开放的档案。到了馆内填写《查阅档案资料登记表》，签署《查档利用承诺书》后，就可以查了。到时候会有工作人员引导您完成。"亮妈给李爷爷介绍道。

"那真是方便啊！不过，如果我想将感兴趣的照片复印出来，应该怎么操作呀？"李爷爷真的有很多问题要问。

"如果需要复制档案，需要先跟馆内工作人员确认该档案是否可以复制。如果可以的话，一般需要填写一份《档案资料复制审批单》，之后会由工作人员帮您复制相关档案，并加复制章或水印。您可要注意，绝对不可以私自拍照或者复制档案，那都是不合规定的！"亮妈提醒道。

"放心！我绝不可能干那样的事！可惜今天是周六，不然我肯定现在就去查档！"得到自己想要的答案，李爷爷已经忍不住想去档案馆感受一下查档的快乐了。

"周六周日也可以通过信函、电话、网站预约等途径委托工作人员进行查档，部分档案馆还允许查档人预约双休日查档，不过需要提前两个工作日预约。不过这些服务都是……"小亮说到这里，故意停了下来，想要卖个关子。

"不会也要收费吧？应该没有一张30元那么贵吧！"李爷爷见小亮突然停了下来，也有些慌张。

"不，都是免费的！"小亮忍不住笑出声。

几天后，在亮妈的帮助下，李爷爷很顺利地查到了自己想要的老照片。

免费利用档案的依据

近日，我局收到《财政部 发展改革委关于公布取消和免征一批行政事业性收费的通知》（财综〔2013〕67号，以下简称《通知》，见附件）。《通知》明确将档案部门利用档案收费列入取消的行政事业性收费项目，同时明确"对不按规定取消或免征相关收费的，按有关规定给予处罚，并追究责任人员的行政责任"。全国各级档案部门（含各级各类档案馆）必须严格按照《通知》要求，立即停止所有利用档案收费，不得以任何理由拖延或者拒绝执行。凡未按规定取消相关收费的，将追究责任人员的行政责任。

《国家档案局关于严格执行财政部、发展改革委关于取消利用档案收费规定的通知》（档发〔2013〕3号）

37. 远程可查档　服务不断档

关键词

档案查阅　远程查档

"档案馆快递来的材料收到了，办理速度非常快，远程查档申请程序简洁方便。谢谢滨海市档案馆！"这是一位利用者给滨海市档案馆邮箱发来的感谢信。

最近，滨海市档案馆已经收到了50多封这样的感谢信。这都是因为工作人员立足群众需求，借助档案查询利用平台，开展了远程查档服务，切实做到了让"信息多跑路、群众少跑腿"。

这不，小亮的小舅舅在滨海市一个下辖区工作。前几天，他因工作需要查找滨海市人民政府的一份档案，为解决知青工龄问题提供政策参考依据。舅舅请亮妈帮忙查了一下，发现这份档案存放在滨海市档案馆。但是，舅舅最近工作太忙了，实在走不开。于是，亮妈就让舅舅通过本馆的档案查询利用平台提出申请，档案馆很快就通过档案目录中心远程传输，送达了舅舅需要的档案。

"姐，没想到你们馆现在这么贴心，这么高效！"以前对亮妈的工作不甚了解的舅舅特地打电话过来，由衷地发出赞叹。

"是啊，我们馆这几年不断升级档案查阅服务，从今年年中开始就实现了远程查档服务，我们想尽可能地满足外地群众的查档需求。"亮妈说。

"哪些档案可以通过远程服务查询？除了发邮件以外，你们的远程档案服务方式还有哪些?"舅舅心想，万一以后还要查点什么，得先了解一下。

"目前滨海市档案馆远程服务中可查询的档案主要是民生档案，比如婚姻档案、独生子女档案、再生育审批档案、知青档案、户口迁移等。服务方式还挺多的，除了'邮箱办'，还有'电话办''网上办''掌上办'等多种远程查阅和传递方式，用电脑、手机都是可以办的。"亮妈自豪地说。

"哇，这么好!"舅舅说。

"还有呢，我们档案馆还与市民政局婚姻登记处、市各区镇街道联合开展远程查档便民服务。目前滨海市在各区镇街道还设置了远程查档自助终端服务点，市民可携带本人合法身份证件就近查询，还可以查阅个人相关档案。"亮妈补充道。

"这些是老百姓经常去的地方，在这些地方设点，还真的很不错啊!"

"是啊，受理人员在服务点审核证件，教我们点击进入查档系统，接着进行身份证件、查档需求登记，然后就可以打印查档申请表。查档人签字确认后，提交查档申请，就可以等候档案馆的查档反馈了。档案馆那端收到查档申请后，工作人员先会审核一下申请材料，再到本馆系统检索，并做查档登记，找到符合用户需求的档案后，盖章出证，并发送给查档服务点。受理人员就可以在服务点领取证件。打印出来后，加盖受理章、签署后便可将所需的材料交与查档人。这一切都有受理人员帮助我们。"

"这真是用科技的速度提升人文的温度啊!"舅舅顿时觉得非常幸福。

案例

某高校档案馆远程查档服务指南（节选）

1. 将身份证明文件、需查档办理的事项内容等发送邮件到档案馆邮箱***@***.edu.cn，邮件名称包含姓名和办理事项。如张三申请学生卡片复印盖章，李四申请开具学历学位证明书、学位申请书复印盖章，王五申请新生录取名册复印、补办毕业证明书盖章等。

2. 以附件形式提供身份证正面照片和毕业证书照片（或学位证书照片），作为身份双重确认证件；能提供学号则有助于办理。如需纸质档案文件，邮件末尾分行列出接收快递的地址、单位、姓名、电话，以便准确邮寄档案。

3. 办结的材料通过**快递投递，快递风险自担。快递发出后，在邮件中简要回复，请注意查收。远程办理每周一和周四集中处理，一般需要2到3个工作日。

38．村里有了数字档案室

关键词

档案服务　数字档案室　查档

"喂，是东子啊。你上个月不就说最近要来滨海市查档案吗，我都跟儿媳妇说好了。什么？不来了？哦，那就好，那就好。"小亮刚放学回家就听到爷爷在接电话。

"爷爷，谁来的电话啊？他要来查档案吗？找妈妈啊！"见爷爷挂了电话，小亮提醒道。

"是啊，我也是这么说的。老家的一个叔叔本来想去市档案馆查承包权证，我说可以请你妈帮忙，可是他刚才说不用了。咱老家村里有了数字档案室，现在可方便了，他已经查到承包权证了！"爷爷解释道。

原来如此。农村也有数字档案室了，这真是好消息啊！

"爸，咱们什么时候回老家参观一下，我也想见识一下村里的数字档案室。"小亮找爸爸帮忙。

"可以啊，明天周六，我带你去。捎上你妈和爷爷奶奶，咱们也很久没回老家了，正好去看看亲戚朋友。"

"我们市档案馆把涉农档案数据共享作为档案馆服务基层的重要举措，这事正好是我负责的，已经推了大半年了。你爸老家这个村是第一批，我也很想去看看，顺便也去听听村民对这项工作的建议。"妈妈说。

"哈哈，来一场说走就走的旅行！"在城市里住久了，一有机会出门，小亮就特别开心。

第二天一早，小亮一家就来到了村里的数字档案室。只见这里窗明几净，大厅里的公共空间有几处供村民休息的沙发，服务台设得很低，方便村民与档案管理人员沟通。服务台的后面，工作人员正在忙碌。

"亮妈来了啊！怎么也没说一声，我到村口去接您啊！"工作人员小李见到亮妈连忙迎了上来。

一番寒暄之后，小李开始为小亮一家介绍数字档案室的情况："我们村的数字档案室是上个月建成开放的，亮妈一直在给我们做指导。我们自己的村级基层党建工作档案、精准扶贫档案、文书档案、基础设施档案、文化室资料和图书都在逐步进行数字化归档。老百姓除了可以查我们村自己开放的档案外，还可以查镇里、市里的民生档案，因为我们还设置了'档案共享查阅点'。现在这里既是老百姓查档的场所，又是村里文化活动的空间。你们看，旁边就是农家书屋。我们这个大厅有时候也会有孩子进来看书，所以我们也在旁边设置了书架，方便群众。"

"不错啊，你们还拓展了功能。连我都没有想到呢！"亮妈有点惊喜。

"我们农村人不就事事都想着物尽其用嘛！"小李笑着说。

"您好，我想申请'双女户'补贴，需要查询一下婚姻档案。这是我和我那口子的身份证。"这时，一位60岁左右的大妈走了进来。

"好的，我帮您查一下，您稍等。"

不一会儿，工作人员就查到了，把婚姻档案的证明材料打印盖章后，交给大妈。

"大姐，您好，打扰一下。我是滨海市档案馆的，请问您是怎么知道这里可以查档案的？"亮妈见大妈就要离开了，赶紧上前一步问道。

"您好！我在申请'双女户'补贴时，村干部发现我提供的婚姻证明材料不够，我一下就蒙了。我年纪这么大了，哪会知道这个材料在哪里。

还好后来他们告诉我，市里在村里设了这个点，在村里就能查。我就来了，还真挺方便的。"大姐开心地说。

"明白了，太感谢您了！"看来，村干部还挺能干的，亮妈也挺高兴。

小亮一家这次来，还发现附近的9个镇（街道）115个村（社区）都设立了远程查档服务点，各村（社区）都可以利用现有数字档案室系统平台查询档案。可查询的档案多为民生档案，主要包括婚姻档案、土地流转档案、工程档案、知青档案、支农档案、公证档案等等。最近，因为落实"双女户"奖扶政策，有很多村民都需要查阅婚姻档案，有了家门口的数字档案室，的确相当方便。

"要是当年我们老家有这样的数字档案室，我和你爷爷不知道要省多少事呢。当年为了查档，我和你爷爷跑了好多次市档案馆，来回路费都不知道花了多少。"奶奶说起来还有些心疼。

"数字档案室不仅能减少查询档案来回跑的时间、费用，还能维护群众合法利益，真是不错！"爸爸也说道。

"是的，现在村级数字档案室建设得越来越好了，支持档案收集、档案整理、档案利用、档案鉴定、档案销毁等全过程，检索起来又快又准。"亮妈继续补充道，"未来数字档案室会越来越普遍的，大家都可能在家门口查档案。"

"太好了！"大家不禁异口同声道。

链接

数字档案室的数字资源包括哪些内容？

数字档案室的数字档案资源应包含文书、声像（照片、录音、录像）、科技、专业等各门类电子档案、传统载体档案数字副本和数字资料等，若条件成熟，公务电子邮件、网页等门类的电子档案也应作为数字档案资源建设内容。

国家档案局：《数字档案室建设指南》，2014年

第五篇

用档

39. 幸亏有档案

　　暑假的一个午后，小亮去科技馆听讲座，发现钥匙忘带了，就去档案馆找妈妈。他准备先去利用服务大厅向妈妈的同事小郭阿姨请教问题，再跟妈妈一起回家。刚进利用服务大厅，小亮就被一个特殊的查档者所吸引。

　　此人衣着朴素，一身中山装洗得有些变色，但是十分整洁，头发虽然花白，但是打理得颇为整齐，年龄有些大了，但是眼神中依然透露着一丝干练。小亮忍不住上前攀谈起来。

　　"爷爷下午好！我是这里工作人员的小助理，您有没有需要我帮忙的？"小亮主动上前，打了招呼。

　　"小助理？那你帮爷爷分析一下，这个问题应该如何解决呢？"老人答道。

　　"当然可以。不过您遇到了什么问题呢？"小亮问道。

　　"唉！"老年人深深叹了一口气，便同小亮说了自己的故事。

　　老人姓王，原先在滨海市的电子厂上班，后来因为体制改制，前前后后到了电子元件厂、木材厂、铁厂上班，勤勤恳恳工作了30余年。他退休后，原先想着这30多年的养老金，每个月取一些也够自己生活了。谁曾想，或许是单位转接时档案出了问题，老人的工龄认证只有18年，这样养老金就少了一半。这已经让王爷爷十分心疼了，再加上党员档案现在也不知所终，王爷爷就更加苦恼了，他很久都没有睡好觉了。直到前两日，王爷爷听说市档案馆可以查找以前的档案，于是便来碰碰运气。

"爷爷，您这事情虽然看起来麻烦，但我觉得并不难解决。我们虽然不能通过您的个人档案查到您的入职时间和入党证明，但如果能从其他材料找到您的入职信息，应该也是可以证明的，如当年电子厂录用人员名单等。至于党员身份，如果可以找到那一年您所在支部的会议记录，也是可以证明的。"小亮听完爷爷的故事，就给爷爷出了个主意。

"那你说的这些材料应该怎么查呀？"爷爷急忙问道。

"这个简单，只要去前台跟服务人员说明自己的目的和需求，他们会帮您查找的。"说完，小亮就带着王爷爷一起去服务台找小郭阿姨。

"小郭阿姨好，这位爷爷想查一份档案，您能帮帮他吗？"小亮跟小郭阿姨打招呼。

"是小亮啊，当然可以！大爷好，您有什么需求呢？"小郭阿姨热情地询问道。

王爷爷向小郭说明了情况。小郭一听就明白了，说道："小亮说得没错。您先填个表。您是哪年被那个电子厂录用的？哪一年入党的？我这就去查查那个电子厂当年的录用人员名单有没有移交到我们这里。您的党员信息问题，我也试试看能不能查到他们移交来的会议记录。"

只见小郭阿姨在电脑上查了一下，说道："那个电子厂当年的录用人员名单我们馆里还真有，我去调档。您稍等啊。"

不一会儿，库房的工作人员送来几份文件，小郭阿姨翻看了一下，果然有王爷爷的名字。当年党支部发展新党员大会的会议记录也找到了。

困扰王爷爷好几个月的问题一下子都解决了！王爷爷手上拿着档案馆出具的证明激动地说："谢谢，谢谢，太感谢你们了！幸亏有档案！档案馆真好啊！平时不觉得，关键时候它真的帮了我大忙，爷爷今天算是又长见识了，真是要活到老，学到老！"

就在这时，亮妈正好经过利用服务大厅。小亮赶紧叫住妈妈。小郭阿姨和王爷爷都冲着亮妈使劲地夸小亮热情、懂事，弄得小亮都有点不好意思。不过，亮妈听了还是很开心的。

链接

在国家综合档案馆档案利用数量表

年份	数量（万卷、万件次）
2021 年	2 407.40
2020 年	2 064.40
2019 年	2 140.00

国家统计局网站

40. 什么是电子证据

档案证据　电子档案

电视里正在播放一部刑侦片。片子的结尾，代表正义一方的律师助手带着一部手机冲进法院，借助手机里的聊天记录和录音成功帮助原告获得胜利。

"现在这电视剧越拍越假了，像这样拿着一部手机就冲上法庭，法官哪里会相信你？而且，聊天记录作为证据，是不是有点牵强了？"爷爷喝了一口茶水，吐槽道。

"爸，您这话说对了一半。'单刀直入'向法庭送手机，确实有戏剧改编的成分。不过手机里的聊天记录，现在可真就是一类证据。"妈妈放下手里挑拣了一半的白菜，补充道。

"那我们手机里的消费记录、图片、保存的文件也可以是证据吗？"吃着冰激凌的小亮一听，立马也来了兴趣。

"那当然，它们还有一个统一的名称——电子证据。"妈妈说道，"简单来说就是以电子形式出示的任何证据信息。它们是在案件发生过程中形成，以数字形式存储、处理和传输的证据信息，其形式多样，种类丰富，是一种新形态的证据形式。《刑事诉讼法》《民事诉讼法》和《行政诉讼法》可都已经把电子证据作为一种新的证据形式了。"妈妈解释道。

"看来，我得小心了，不要被妈妈利用电子证据，坐实了偷偷玩电脑和手机的'罪名'"。小亮背过身来悄悄对爷爷说。

"那我还是觉得不对。"爷爷又问，"我们都知道这电子信息容易被篡改，怎么能说它是证据，它就是证据呢？就算如此，我觉得它的证明效力一定不如传统的纸质证据吧？就像电子档案和纸质档案相比，肯定纸质档案可靠啊！"

"爸，这跟您想的就不太一样了。证据效力并不受它的存储方式影响，而是由它的可采性（证据资格）和证明力共同构成的。可采性是一种可以被用作法律证据的资格，而证明力是证据对它要证明的事实的证明作用的大小。您说得对，电子形式的各种记录易篡改、易损坏，所以把它作为电子证据的确很容易受到质疑。因为根据证据规则，电子档案要成为有效的法律证据，必须对电子档案的真实性提供令人信服的证明，否则法庭是不会采信的。"妈妈进一步解释。

"那这很难做到吧？有什么办法让法庭采信呢？"小亮开始刨根问底了。

是啊，有什么办法呢？亮妈知道其实现在有不少专家正在研究这个问题，还是有一些方法的。没想到小亮还真问到点子上了。亮妈决定启发小亮："那你有什么好办法吗？"

"我觉得就是要想办法证明作为电子证据的电子档案是原始的。"小亮小声地说。

"不错！虽然没有完全解决问题，但这是正确的思路。"小亮能想到这个程度，亮妈已经很满意了。

"因为电子档案的证据资格很难满足司法实践对电子证据的要求，所以目前比较稳妥的办法是进行电子证据保全，例如网络公证保全、技术性扣押、固化电子档案内容等。"

"那就要用到很多特殊的数字技术手段了吧？这太有挑战了！我以后可不可以学计算机专业，我想研究这个。"小亮对电子证据保全非常感兴趣。

"很好啊！咱们家都没出过计算机专家，我看小亮可以试试！"爸爸也凑过来鼓励小亮。

"跟妈妈来个跨学科组合。母子齐上阵，为档案事业的未来添砖加瓦！"妈妈听到这些话，自然高兴极了！

链接

网络证据保全公证的积极意义

1. 网络证据保全公证可以保障网络数据具有证据能力。经公证后，公证机关会保留一份经过加密的电子数据复本，此复本效力与原件相同。一旦原始电子数据内容发生变更或载体灭失，此备份电子数据就可发挥原始证据的作用。

2. 经过公证保全的网络数据的效力一般高于当事人自行搜集的证据效力。《民事诉讼法》第69条规定："经过法定程序公证证明的法律事实和文书，人民法院应当作为认定事实的根据，但有相反证据足以推翻公证证明的除外。"可见，公证保全的证据一般属于免证证据，只有在有足以推翻公证证明的相反证据的时候才不能采信，显然，这就比当事人提供的一般证据的证明效力要高。

41. 小小档案能维权

·关·键·词·

档案利用　档案阅览　档案复制　档案摘录

这天，小亮去档案馆找妈妈，发现档案馆冷冷清清的。就问妈妈："图书馆门庭若市，你们档案馆却门可罗雀。"

"档案馆跟图书馆不一样。图书就是为传播知识而存在的，而档案形成通常为了当时的工作方便，它的存在可以备作查考。备作查考并不是一定要查考，人们只在需要时才会用它，利用人数少也正常。可一旦需要，小档案往往能解决大问题。当然，也有人不熟悉档案的作用，所以妈妈的档案馆前几天在咱们Y商业中心做档案宣传活动，就吸引了不少对档案还比较陌生的老百姓。"

"那效果如何呢？"

"通过几天的活动，群众已经了解不少档案利用的知识了。这不，今天我就在整理一些群众关于档案利用的问题，过几天还要给他们回复。你还真别小看了档案，有时候它还能帮助我们维权呢！"

"那档案能维什么权？"小亮问道。

说起这事，小亮妈侃侃而谈：

在我市B县第三次林权改革工作中，B县档案局在短短半年时间里，为全县近5 000户群众提供了原始林权凭证。一些原本因林地界畔不清准备上访的群众，也因此打消了上访的念头，他们对档案局工作人员说："原先农民维权靠打官司，现在维权靠档案就行了。"

2005年6月，四川省大竹县城东乡高峰寺居民李某在清水镇修建房屋时欠大竹县清水镇居民谢某水泥款87 980元，双方约定三个月后付清款项。后李某却称资金困难未按约定支付欠款，后多次催要未果。2012年3月，谢某向大竹县人民法院提起诉讼，人民法院受理此案后，到县房管所查阅档案，证实李某位于清水镇有多处房产，并及时查封了该房。如果李某不能在调解书约定的时间内偿还该项债务，法院将对这些房产进行拍卖，强制执行李某所欠债务，并支付利息。房产档案成功为解决这项经济纠纷提供了依据，保证了债权人的合法权益。

2012年6月28日，玉田县大安镇张庄子村民李炳华女士前来查阅关于其父遗嘱的公证档案。玉田县大安镇张庄子村民李炳华女士的父母共育有四女一子，她排行老四。母亲在2007年8月去世后，父亲一直是一个人生活，平常父亲有个头疼脑热的，都是她和丈夫前去照料，问寒问暖。父亲生活难以自理后，她把老人接到自己家里。平时不管农活多忙多累，仍然对父亲无微不至地关心照料。老人去世后，按照农村习俗，房产自然要由儿子继承。办理完老人的丧事后，村干部让她抽空去玉田县公证处查老人的遗嘱，可能对她有用。原来，李女士的哥哥家距父母住处不足100米，但根本没对父母尽过赡养义务，即使生病住院也不闻不问。面对如此不孝的儿子，老两口心都伤透了。母亲去世一年多以后，父亲就由村干部陪着去了玉田县公证处，正式立了遗嘱，声明自己去世后的房产份额和其他财产由四女儿李炳华继承，凭借这份公证遗嘱，李女士的合法权益受到了法律保护。

　　小亮听后，心想：看来档案还真有用。妈妈还说，在日常生活和工作中的档案利用是指利用者使用档案解决某种问题的行为。这种行为表现在档案馆里，就是对档案的阅览、复制和摘录。

参考文献

[1] 卓九成、齐小英：《民生档案：服务百姓生活的积极探索》，《陕西日报》2010年9月2日第7版。

[2] 大竹县房管所：《恶意欠款　档案维权》，《四川档案》2012年第6期。

[3] 高福全：《阳光档案　维权先锋》，《档案天地》2013年第12期。

链接

滨海市档案馆关于阅览、复制和摘录的规定

　　1. 为保护档案原件，本馆已数字化处理的档案，不再提供原件。

　　2. 利用档案原件，原则上每人每天申请调卷不超过30卷，每次借卷不超过10卷。

　　3. 破损严重和正在整理中的档案暂不提供原件。

　　4. 利用者如需复制档案，须填写《档案资料复制审批单》，本馆工作人员代为复制，并加盖"滨海市档案馆复制章"。

　　5. 复制档案（含已经数字化的部分），原则上不超过每卷的三分之一，一个专题不超过30页。

6. 中华人民共和国成立前的档案原件一般不予复制，可以摘抄。

7. 利用者不得擅自拍照复制档案。

8. 利用者在阅读档案原件时应爱护档案。不得勾画、涂改、损毁档案。

9. 本馆馆藏档案，依法应由本馆公布。引用从本馆复制、摘录的档案内容，应遵守国家有关规定，并注明本馆馆名和档号。

42.《史记》是怎么写成的?

档案利用　编史修志

"小亮,你知道《史记》是怎么写成的吗?"

"我只知道《史记》是我国历史上第一部纪传体史书,是西汉司马迁写的,我们语文课上学的不少古文就是从《史记》中节选的,如《陈涉世家》《鸿门宴》。要说怎么写成的,我想应该与他当时的职位有关吧。老师讲过,司马迁当过太史令、中书令。"

"太史令、中书令的共同优势是什么?"

"这我就不清楚了,不会是管档案吧?"

"恭喜你,说得十分接近了!秦汉时的太史令,有掌管起草文书,记载史事,编写史书,兼管国家典籍的职能,而中书令相当于皇帝的机要秘书,两种官员都能接触大量档案。这种优势使得司马迁在撰写《史记》时可以很方便地利用皇室档案文书和重要典籍,再加上司马迁从小游学天下,遍访民间,坚持采访百姓,搜集民间资料,如此种种,他才可能完成一部信史。当然,父亲司马谈的临终心愿也是激励司马迁立志完成《史记》的重要动力。"

"真没想到,《史记》的完成与档案有这么大的关系。"

"可不是嘛，档案可以鉴往知来。编史如此，修志也如此。今天的人修今天的方志，可以为将来编写历史打下良好的基础，修志也是需要利用档案的。所以，我们常说要利用档案编史修志。"

"就是说我们可以先编修方志，利用档案把现在的事如实地记录清楚，以便将来如实地编写历史，对吗？"

"是的，可以这样理解。比如去年咱们滨海市编写市志，编写人员就在我们馆调出上千卷档案，获得大量有用信息，为重修滨海市志提供了翔实的第一手资料。"

名言

写给档案工作

董必武

（1959年9月5日）

典谟训诰，宝之无佚。

只字片言，亦所珍惜。

分肌擘理，鉴貌辨色。

规圆矩方，依时序列。

创业扩基，前轨可迹。

古为今用，功同史册。

群众跃进，计划落实。

察往知来，视兹故帙。

43. 珍贵的礼物

关 键 词

档案利用　学籍档案　校友档案　课业档案

雯姐上周参加了母校110周年校庆，见到许多优秀的校友，很多校友还给母校捐赠了礼物。这天雯姐来小亮家做客，又说起这件事。

亮妈也加入讨论："说起校庆和礼物，我也想到一份珍贵的礼物。2005年4月29日，时任中国国民党主席的连战在北大演讲结束后，北京大学校务委员会教授李云放给他赠送了两件具有特殊意义的北京大学纪念品作为礼物。其中一份礼物是标有'未名湖'图案的雕漆瓶；而另一份礼物嘛，你们猜猜是什么？"亮妈神秘地说。

"这我们怎么猜得到？"雯姐和小亮对视一眼，双双摆手道。

"跟档案有关！"亮妈启发他们。

"不会是学籍档案吧？"雯姐突然说。

"恭喜你，猜对啦！另一份礼物就是连战母亲赵兰坤女士当年在燕京大学（也就是现在的北京大学）的学籍档案和照片的复制品。"亮妈揭秘。

雯姐的眼睛亮了。她想：自己毕业后，再想起母校，总是带着怀念与感恩。要是能收到母校这样的礼物，自己也一定十分珍爱。

"我什么时候也能收到这样的礼物呢？"雯姐不禁感叹道。

"那咱们雯姐就要加油了，现在许多高校都会为优秀校友在校事迹建立

档案，说不定哪天雯姐就会收到这样的礼物了。"亮妈笑着说，"上海交通大学曾经就展出过'学霸'档案。那次展会集中展出了上海交通大学档案馆历年征集并珍藏的本校学子在校期间的学习笔记、实验报告、试卷等课业档案。这些档案中，既有南洋公学时期蔡元培先生主持下的特班生李叔同的课业档案、黄炎培的读书笔记，也有20世纪30年代初金悫教授批阅的钱学森'水力学'课程的试卷，还有当代'学霸'们精彩传神的课堂笔记。"

"哇，那我岂不是现在就要做好准备了——以后做作业、记笔记，我再也不潦草了，万一我将来也有展示的机会呢。"小亮跃跃欲试地说。

"小亮有志气，妈妈可当真了！"亮妈高兴地说。

"那是，男子汉大丈夫，一言既出，驷马难追。"小亮挺起胸膛，显然已被"学霸"感染。

"那我可是见证人。小亮，雯姐等着你的'学霸'档案展出哦！"雯姐兴奋地说。

微言

作为一名档案人，我偶然发现了档案的一个属性，就是其珍贵礼物的属性。礼物的最高境界是"礼轻情谊重"。所谓"礼轻"，大概是指其物质价值不能过高，否则就喧宾夺主、鸠占鹊巢，且有庸俗之嫌；所谓"情谊重"，大概是指礼物代表和体现的思想意蕴和情感内涵很厚重，给人无限遐想和美好回忆，以及良好祝愿等等。档案恰恰具备了以上特征。几页档案，记录了人们奋斗的过去，勾起美好回忆，承载良好祝福。档案之所以成为礼物，是因为其珍贵。而其之所以珍贵，一是因为其稀缺。一般而言，原始档案只有一份，我们很多人一辈子都没见过自己的档案。二是因为其真实。

航天科工六院8610厂　余承忠

44. 小亮的"作品"

关键词

档案利用　家庭档案

　　因为妈妈在档案馆工作，小亮一家的档案意识还是挺强的。这不，一些重要的节庆日，这家人除了会有意识地记录，也很善于把原始的记录加工成有意义的文化"作品"。妈妈说，这在档案馆里属于"档案利用工作"的范畴。他们最近就在做家庭档案的利用工作。

　　前段时间，小亮建议：现在全家人的照片和视频越来越多了，基本上都存在电脑里，平时没事也不会去看。能不能挑选一些有代表性的制作成温馨家庭记忆光盘？爷爷、奶奶想回忆往事，先看看这张光盘，不过瘾的话再去找原始档案。

　　小亮的建议得到了全家人的赞成。于是，他把所有的照片、音频、视频都找了出来。小亮家的照片一开始都是传统模拟相机拍的。2006年，家里买了数码相机、数码摄像机，慢慢有了数码照片、录音、录像，那时小亮还在读幼儿园。数码相机之后就是手机，这两年爸爸又买了单反相机。内容实在太多了。怎么办呢？想了几天，小亮跟妈妈一起商量了一下，最后决定把2006年以前有代表性的照片扫描成电子版，分成学习、工作、旅游、家居4个主题，再根据时间顺序来安排。他觉得这样整理之后看起来会比较有意思，如果只按时间排就太呆板了。经过小亮的设计，每个主题都有了情节，每张照片还配了文字，有些地方还配了背景音乐。过了一个月，小亮把充满温馨画面的家庭记忆光盘做出来了，起名《岁月》，1套4盘。

"悠悠岁月，欲说当年好困惑，亦真亦幻难取舍，悲欢离合都曾经有过……"这是20世纪90年代初特别流行的一部电视连续剧《渴望》的主题歌。在整理扫描爷爷、奶奶当时的照片时，妈妈建议小亮选这首歌当背景音乐。一开始小亮还觉得老土，可是听着听着还真觉得挺有味道的。"是啊，悠悠岁月，岁月悠悠，时光就这样不知不觉地过去了。《渴望》最火的时候，咱们整个院子只有两三户人家有电视……"爷爷、奶奶的思绪飘回当年。

在制作这套光盘档案的过程中，小亮一家实实在在地重温了一遍那些逝去的美好时光。沉浸在全家人的夸赞声中，小亮觉得自己做了一件非常了不起的事。

微言　　档案里面有人生，家庭档案从一个方面体现出城市的文明，是社会进步的产物。无论如何，都要把家庭档案做好、做长，将来孩子长大后，也算是做父母的留给他的特殊礼物。当他翻看这些档案时，也许忍俊不禁，也许会心一笑，他会感知自己的家有多温暖。

青衫：《温馨的家庭档案》，《郑州日报》2012年1月20日第7版

45. 填表的烦恼

档案利用　个人业务档案　大事记

又到年终，亮爸开启了"表哥"模式。"今天晚上我得填6个表，都是明天必须交的。"每年这个时候，亮爸都十分烦恼。他就不明白了，自己是一名设计师，又不是填表师，为什么要填那么多表。平时要报个什么项目，承接什么工程都要填申报表，年中、年终都要填个人业绩表，平日里时不时也会来个什么情况摸底表，就连社区、物业都要发基本信息表。总之，填表这件事根本停不下来……

"亮妈，我看你每次填表都那么快，不然你教我两招呗！"亮爸向亮妈求救。

"今天太阳打西边出来啦！咱们家的大设计师竟然被小表格难住了！"亮妈心想，这次算是找到取笑亮爸的机会了。

"是啊是啊，我从来没有听妈妈抱怨填表的事。妈，您是怎么那么快就把表格填好的？我看爸爸一填表就哇哇叫，就像有填表恐惧症。"小亮也来"添油加醋"。

"办法有两个，一个是'土办法'，一个是'洋办法'，你们想听哪一个？"妈妈开始卖关子。

"都听，都听！"小亮和爸爸异口同声地喊道。

"嗯，这第一个办法嘛，操作很简单，把功夫下在平时就可以。只要养成定期整理个人业务档案的好习惯，并随时做好业务大事记就可以了。"

"那您说说，老爸要怎么做比较好？"小亮抢在爸爸前头问妈妈。

"今天刚好大家都有时间，我就来教你爸整理个人业务档案。"妈妈建议，"像爸爸这么忙的人，只要把自己电脑里的文件夹进行分类，再做一个简单的业务大事记就可以了。"

经过全家人的共同努力，亮爸的业务大事被分成这样几个部分：

第一部分是基本信息，包括姓名、性别、出生年月、职称、职务（包括升职时间）、社会兼职（职务、任职时间）

第二部分是个人简历，包括爸爸小学、中学、大学本科、研究生的学习经历和工作经历。

第三部分是参加各类会议和培训的情况，包括时间、地点、会议或培训内容、主办方等。

第四部分是业务成果，主要是爸爸设计的作品情况，包括设计时间、作品名称、服务对象等。

第五部分是获奖情况，主要是成果获奖和荣誉称号，包括获奖时间、奖项名称、颁发单位等。

第六部分是社会服务情况，包括服务时间、服务对象、服务内容等。爸爸是滨海市义工队的成员，经常下基层帮助别人。这些情况也应该记录下来。

妈妈说这只是一个大致框架，以后爸爸还想增加别的类别，可以根据需要整理，但一定要养成好习惯。每次开会回来，就顺便记录一下；每获一种奖项，就扫描并保存获奖证书，同时记录在业务大事记里。这样，文件夹的内容就会越来越丰富，填表的时候也很好用。不仅方便，还不会遗漏。

"有了这样的个人业务大事记，实现'秒填表'已不是神话！哈哈，谢谢亮妈出手。晚上我亲自下厨，洗碗嘛，我也包了。"亮爸开心极了。

"等等，等等。妈妈，您不是说还有一个'洋办法'吗？"

"还是小亮记性好。本来我还想卖卖关子，既然小亮提出来了，那我就告诉你们吧。这个'洋办法'其实是要建立在土办法的基础上的，那就是利用AI智能填表。现在有一些公司已经推出了智能填表的软件或小程序。它们的原理就是先自建个人数据库，需要填表的时候可以随时调用。这种方法特别适用于每年必填的表格。"

"这个办法也不错，我们每年要填的表格都很类似，就算偶有不同，如果有了一定的基础也只需要微调。这个办法也能让填表人轻松不少。"看来亮爸真要从"填表苦海"中游出来啦。

案例

亮爸的个人业务大事记（节选）

基本信息

张**，男，19**年*月生

高级工程师（20**年*月）

职务：设计部主管（20**年*月）

社会兼职：

滨海市室内装饰协会副会长，20**年

个人简历

19**.09—19**.07，**大学**专业本科学习，获工学学士学位。

参加各类会议和培训的情况

20**年12月3日至4日，参加国际设计论坛（IDF）2016年度大会。地点：广州。

业务成果

品苑豪园15栋506室的室内设计，20**年3月。

获奖情况

20**年6月8日，获滨海市"十佳"室内设计师奖，滨海市室内装饰协会。

社会服务

20**年3月5日，滨海市F县儿童福利院帮扶，送去慰问品，教孩子们画画等。

46. 读档

　　档案宣传　朗读档案

　　"小亮，跟爷爷一起听一听评书，单田芳讲得真好啊！"爷爷一边听评书，一边跟小亮交流看法。

　　"爷爷，听评书没有画面，哪里有看电视有意思啊！"小亮不服气地反驳。

　　"你就是年龄小。有些内容，有些故事，不需要过多的画面。读出来，听起来，反而会更有感觉。"看着小亮不服气的样子，爷爷也来劲了，打算教育教育自己这个小孙子："我记得有个电视节目叫《见字如面》，就是把书信读出来，让观众感受书信里真挚的情感！"

　　"对对对，有些内容确实要读出来，才会有新的感受、新的理解。您还别说，我们档案馆最近就要举办'读档'活动。"妈妈走过来，跟爷孙俩搭起话来。

　　"读档，读什么档？总不是我打游戏那个'读档'吧？"小亮不禁开了个玩笑。

　　"当然不是。'读档'就是朗读档案的意思，是以学习、分享、传播为主要目的的一类档案宣传活动。但以前很多档案馆的读档活动形式比较简

153

单，大多是配合一些特殊节日或者活动来做，例如建党节活动、专题档案展览启动仪式等。一般会邀请一些读者，共同朗诵特定主题的档案内容。"

"如果是这样，我觉得还是单调了一点，很难有情感共鸣吧？"小亮有点怀疑。

"那是以前，这次我们要办的读档活动可不一样。我们组织这次的读档活动前，还特地前往四川省档案馆学习。2022年，我国20个档案馆携手开展了'江河奔腾　千人读档'跨省区联动展播活动，主要形式是征集群众的读档视频，再利用微信公众号等平台推送，社会反响非常好。用最基层的读档声，讲述最动听的档案故事，效果很不错。"亮妈显然信心满满。

"人人都能参加你们这个活动吗？人家叫'千人读档'，你们的主题又是什么？对语音的标准程度有要求吗？我这口音很重啊！"爷爷也来了兴趣。

"我们对所读档案内容的主题和时长做了要求，并要求读档者加上固定的开场白和结束语。读者制作好视频后发送到我们的邮箱就可以了，其他就没有限制了。每一个档案故事都是连接过去与未来的桥梁。等下给您看一下主题，欢迎小亮爷爷贡献重量级读档作品，也欢迎全家积极参与。"妈妈说到最后一句，还冲小亮使了个眼色。

"我参加，我参加！妈妈的面子，我是一定要给的！现在咱们就来选素材吧！我要选特别有纪念意义的档案内容。"小亮满口答应。

单田芳的声音戛然而止，取而代之的是全家人琅琅的"读档"声。

案例

档案中的"纪兰精神"与代表初心

"共和国勋章"获得者申纪兰的故事可以作为"读档"的好素材，值得挖掘。根据全国人大机关室藏档案记录，仅申纪兰代表领衔提出的议（提）案、建议就有106件，议案、建议原件400页。这厚重的议案、建议档案，涉及交通、供水、供热、供气等多个与人民生活密切相关的领域，凸显的是她从未改变的红色底色，浓缩的是她作为全国人大代表履职尽责的执着坚守。

谢甦：《档案中的"纪兰精神"与代表初心——从全国人大机关室藏档案看申纪兰代表履职底色》，《中国档案报》2021年11月8日第4版

第六篇

爱 档

47. 自豪的档案人

关键词

档案教育　职业自信

又到毕业季。小亮高中毕业，表妹小敏初中毕业。

妈妈说："我们档案馆好几年没招人了，今年总算有位滨西大学档案学专业的毕业生考进来了。有新生力量的加入太好啦！"

小亮和小敏相视一笑，异口同声地对亮妈说："长江后浪推前浪，前浪死在沙滩上！"

"两个小贫嘴！"

"姑姑，大学里还有档案学专业吗？"

"当然有啊，咱中国有30多所高校设有档案学本科专业，20多所高校设有档案学硕士点，中国人民大学、武汉大学、云南大学、湘潭大学、上海大学等高校还设有档案学博士点。"

"那都学些什么呢？"

"还挺多的。以本科生为例，他们的主要课程有：档案学概论、档案管理学、文书学、档案文献编纂学、档案保护技术学、专门档案管理、中国档案史、世界档案史、档案计算机管理、档案文献检索、历史文书、中国古代史、中国近代史等。"

"档案学专业的学生毕业后都会到你们这样的档案馆工作吗？"

"不一定。各级综合性的档案馆只是一种选择，他们也可能去其他类型的档案馆，本科和硕士毕业生也可能去企事业单位、各类社会组织从事档案工作或者秘书工作，而博士毕业生也可能在高校从事档案学的教学与研究工作。当然，也有的毕业生转行做别的工作。但不管做什么，他们在档案学专业学到的有条不紊、细致规范的做事方式对别的工作也十分有帮助。"

"姑姑，您是学什么专业的呀？"

"哈哈，小敏连姑姑学什么的都不知道呀，姑姑的专业就是档案学。"

"小亮表哥也没告诉我啊，我当然不知道。原来您自己就是档案学专业的毕业生啊！难怪工作起来那么得心应手。不过，我觉得您的工作特别枯燥，您不觉得吗？"

"哈哈，小敏都会关心姑姑了。我觉得不枯燥，这份工作就是为党管档、为国守史、为民服务。只要用心做，档案工作也是可以有所创新的。现在科技进步这么快，档案工作与以前已经大不相同了，老百姓的素养在不断提高，如果我们不与时俱进，那就太对不起这份工作了。所以，姑姑觉得从事档案工作是非常令人自豪的事。你们看，我现在每天都有事做，常常会有新点子，很充实，一点儿也不觉得枯燥。"

亮妈的一番话很朴实，令小亮和小敏由衷地点赞。亮妈从不在孩子们面前抱怨工作单调枯燥，她总能对档案人的使命职责认识到位，也总能用自己积极的工作态度感染别人。

微言　　档案这一界先天弱小，特别需要我们创造出宽松自由平等活跃的平台，开放边界，欢迎所有好奇、热心、关注档案界的朋友，借力借势借智，为档案界所用；鼓舞士气，聚集档案人气人力人智，引化不良情绪，释放档案人的生命能量；倡导讨论，深入研究业务技能和学术思想，逐步营造百花齐放、百家争鸣的专业远景。命运可能注定我们在舞台的暗处度过一生，但身处暗处不应是平庸混日子的借口啊。成功者几乎都是戴着镣铐跳舞的人，你是准备戴着镣铐怨天尤人呢，还是跳自己不可替代的生命之舞呢？

一尘：《档案这一界》，2017年6月1日

48. 依法治档

关键词

档案法　依法治档

亮妈已经忙得半个月不着家了。为深入贯彻落实新修订的《中华人民共和国档案法》，提升全市档案管理意识，推动各单位做好档案管理工作，滨海市档案馆以"推进依法治档、提高治理效能"为主题，开展了档案行政执法监督检查工作。亮妈就是执法检查组中的一员。

自从检查工作开始，小亮就再也没和亮妈在一起吃饭了。也不知道老妈在外面有没有好好吃饭，好好休息。小亮心想：在外不能帮助老妈，只能在家里帮老妈分担了，谁叫我是贴心的"小棉裤"呢？支持老妈工作，义不容辞。说行动就行动，小亮吃完饭，就把家里上上下下打扫了一遍，刚刚打扫完，就听到开门的声音，竟是妈妈回来了！小亮赶紧给亮妈端来一杯水，让亮妈坐下休息。

"我们家小亮真是长大了，妈妈不在家的这段时间，辛苦你了。"亮妈看着干净整洁的家，向小亮竖起大拇指。

"我不辛苦，您才辛苦呢！"小亮心疼地说。

接着，亮妈便说起这次检查工作。这次检查主要分为自查和实地检查两大环节。自查环节，各单位已将自查工作形成的自查报告、自查表和相关得分依据资料以书面形式报滨海市档案馆。亮妈主要参与实地检查环节，通过实地查看、听取汇报、现场打分等方式，对各考核单位从档案工作管理机制情况、档案队伍建设情况、档案安全与保管保护情况、档案利用服务情况、档案业务建设情况、档案信息化建设情况、档案依法移交进馆及违法案件查处情况等七个方面进行详细检查。

"看您的表情，这次检查结果肯定不错。"小亮笑着说。

"你这个小机灵鬼，这次档案执法监督检查结果确实不错。虽然部分单位存在一些小问题，但多数单位都能够坚持依法治档，认真履行职责，档案保管条件不断完善，档案的收集、整理都很及时。当然，行政执法监督检查其实只是档案行政执法的一种形式而已，档案行政执法还有不少要做的事呢。"亮妈对现状有些欣慰，同时又觉得还有不少事需要进一步完善。

"妈妈，您能跟我说说档案行政执法还有哪些形式吗？"小亮急忙问道。

"除了档案行政执法监督检查，档案行政执法的主要形式还有行政许可、行政奖励和行政处罚。"

"哇，还有奖励啊！"

"是啊，《中华人民共和国档案法》第七条规定，对在档案收集、整理、保护、利用等方面做出突出贡献的单位和个人，按照国家有关规定给予表彰、奖励。"

"妈妈，我看您也可以争取。这也是依法治档的表现。"

"是是是，这个可以有。妈妈一定争取！你也一定要遵法、信法、守法、用法、护法，真正理解依法治档。"

"妈妈，我记住了。您真是以'热爱'为盔甲，真心要为档案事业做贡献啊！"小亮由衷地钦佩自己的妈妈。

链接

《中华人民共和国档案法》第六章 监督检查（节选）

第四十二条 档案主管部门依照法律、行政法规有关档案管理的规定，可以对档案馆和机关、团体、企业事业单位以及其他组织的下列情况进行检查：

（一）档案工作责任制和管理制度落实情况；

（二）档案库房、设施、设备配置使用情况；

（三）档案工作人员管理情况；

（四）档案收集、整理、保管、提供利用等情况；

（五）档案信息化建设和信息安全保障情况；

（六）对所属单位等的档案工作监督和指导情况。

第四十三条 档案主管部门根据违法线索进行检查时，在符合安全保密要求的前提下，可以检查有关库房、设施、设备，查阅有关材料，询问有关人员，记录有关情况，有关单位和个人应当配合。

第四十四条 档案馆和机关、团体、企业事业单位以及其他组织发现本单位存在档案安全隐患的，应当及时采取补救措施，消除档案安全隐患。发生档案损毁、信息泄露等情形的，应当及时向档案主管部门报告。

第四十五条 档案主管部门发现档案馆和机关、团体、企业事业单位以及其他组织存在档案安全隐患的，应当责令限期整改，消除档案安全隐患。

第四十六条 任何单位和个人对档案违法行为，有权向档案主管部门和有关机关举报。

接到举报的档案主管部门或者有关机关应当及时依法

处理。

第四十七条　档案主管部门及其工作人员应当按照法定的职权和程序开展监督检查工作，做到科学、公正、严格、高效，不得利用职权牟取利益，不得泄露履职过程中知悉的国家秘密、商业秘密或者个人隐私。

49. 潘懋元先生的档案情

档案捐赠　档案文化

2022年12月6日中午，小亮一家正准备吃午饭，正在刷手机的亮爸突然"啊"了一声。原来他刚获知，著名教育家、中国高等教育学的开拓者与奠基人、全国教书育人楷模、全国优秀教师潘懋元先生与世长辞，享年103岁。消息传来，小亮家的空气顿时凝固了。亮爸和亮妈经常在小亮面前讲起潘懋元先生，说他是伟大的教育家。所以，小亮也特别崇拜这位学识渊博、幽默风趣的长者。

"太突然了，即便百岁高龄，潘先生还一直走在中国高等教育的前沿。最令人感动的是，潘先生对档案工作十分重视，一直有一种档案情。"亮妈自言自语。

亮妈听在厦门大学档案馆工作的同学说，从百岁生日之后的2020年8月开始，潘先生就开始分批将自己毕生所藏的15 000余件珍贵资料整理出来，全部捐赠给了厦门大学档案馆。厦门大学档案馆因此成立了专门工作组，加班加点进行梳理清点、分类整理、归档保存等工作。2022年上半年，他们完成了潘懋元先生捐赠全部资料的整理上架工作，并及时向潘先生汇报、展示，得到了先生的充分肯定。在整理工作基本结束的2022年3

月，厦门大学开设了一门叫"档案记忆与大学文化"的课程，主讲人就包括已经103岁高龄的潘懋元先生。课堂上，潘懋元先生以一如既往的幽默风趣的风格畅谈档案在大学工作中的重要性，深情讲述他心目中的厦门大学，吸引了众多学子。

通过这件事，小亮一家再次感受到伟大教育家的档案之情、育人之心。

"妈妈，潘先生捐献了那么多珍贵的资料给厦大档案馆，不知道有一些什么样的档案。"

"潘先生在厦门大学求学，又在厦门大学任教，对厦门大学自然有很深的感情。他向学校档案馆赠送的资料十分丰富，有信函、讲稿、笔记、文稿、书刊等。小亮，你看，这是妈妈的同学发来的几张图片。"

原来这是一张潘先生1990年下半年的学术活动日程表。从日程表中可以发现，当时已经70岁的潘先生的学术活动仍然十分活跃。"我觉得，永远不停止思考，这是潘先生长寿的秘诀！"进一步了解了潘先生的生平事迹后，小亮总结道。

"小亮说得对，你们看，这是1984年由人民教育出版社和福建教育出版社联合出版的中华人民共和国首部高等教育学教材《高等教育学》的手稿。妈妈的同学说，在捐赠的文稿资料中，本书的初稿和历次修改稿合计多达2 348页，手稿中处处可见潘先生的增补、删改、圈点、标注的痕迹。"

"太不容易了！"小亮心中万分感慨，"潘先生怎么舍得把那么多珍贵的资料赠送给档案馆？"

"大师之爱永不告别，我觉得除了对厦门大学、对档案的感情外，档案馆的保存条件比较好应该也是一个重要原因。"一向理性的爸爸提出了自己的看法。

"《中华人民共和国档案法》第三十一条规定，向档案馆移交、捐献、寄存档案的单位和个人，可以优先利用该档案，并可以对档案中不宜向社会开放的部分提出限制利用的意见，档案馆应当予以支持，提供便利。你们看，普通人如果愿意把自己家的重要档案存放到档案馆，也是能得到法律保护的。我觉得亮爸说得对，像潘先生这样的名人，能把珍贵的资料存入档案馆，档案部门就可以用专业的方法和专门的设施条件保管好它们，也可以利用这批资料做一些编研开发的工作。为中国高等教育研究的奠基人立传，也是在为国守史！"妈妈说得都有点激动了。

"原来是这样啊，明白了。等我混出一点名堂了，也要把自己的'毕生所有'赠送给我的母校。"小亮接着说。

看着小亮踌躇满志的样子，亮爸和亮妈相视一笑。

参考文献

厦门大学档案馆：《缅怀 | 永不告别的大师之爱——潘懋元先生将毕生所藏捐赠厦大》，2022年12月8日。

50. 档案馆的微信公众号

关键词

档案微信 档案文化传播

"小亮，来来来，这是我们档案馆的微信公众号，你赶紧关注一下。"一回家，亮妈就让小亮关注滨海市档案馆的微信公众号。

"你们馆也有微信公众号啦？你们搞这个有啥用啊？"亮爸一走过来就"泼冷水"。

"怎么没用？"亮妈听亮爸这么说，特别不服气。

"妈妈，我支持你们！您看，我已经关注了，还不错啊！爸爸，您看，文章语言还挺活泼的。这里还有一篇推文标题叫《确认过眼神，你就是最美的滨海档案人》，好一个'确认过眼神'，这种词用在档案馆的文案里，我还是头一次见呢！看来你们的推文风格跟利用服务大厅一样紧跟时代啊！"小亮不禁夸了起来。

"能得到咱们小亮的认可，妈妈就放心啦！"为了微信公众号这事，亮妈跟同事们已忙了大半年。她今天突然想起来，还可以让家人们也知道一下。听到小亮的肯定，亮妈觉得走时代路线是对的，不然怎么能吸引年轻人的关注呢。

"必须点赞！妈妈，你们能与时俱进，以后一定会有越来越多的人喜欢你们的公众号。我觉得，你们还可以针对不同年龄段、不同喜好的用户制作不同风格的推文。"小亮开始给妈妈出主意了。

"小亮，你说得对！我们一定会好好研究用户需求，把这个号办好。现在档案机构越来越重视利用微信公众平台为用户提供服务的工作了。我们觉得公众号是展示、沟通、交流的好平台。"

滨海市档案馆是在亮妈的建议下开通微信公众号的，他们选用了全员参与型的档案机构微信工作机制，就是在档案机构现有内部机构设置不变的基础上，通过成立工作小组的方式把机构内部能调动的力量都调动起来，以长期工作的形式进行档案机构微信公众号的运营，完成目标任务。他们的核心理念是：人人有责。推文的定位是利用馆藏档案讲好滨海故事，还兼顾普及一些档案知识。

滨海市档案馆微信公众号的推送时间是固定的：每天下午5点准时发出推文。一些忠实的"粉丝"每天必看，亮妈和同事们的压力也挺大的。他们的后台还时不时有人留言。这些留言也很有意思，有点赞的，有批评的，有抒情的，还有寻亲的。有一次，亮妈的同事还真的帮留言者寻亲成功呢。这项工作还为档案馆挣了不少好口碑，知道档案工作的人也越来越多了。工作人员也会随时根据用户反馈调整办号思路。

亮妈和同事们越来越觉得，如果真能把这个平台用好，不仅方便展示档案馆想告诉群众的任何事情，还可以改变老百姓对档案馆的刻板印象，真的不错。

案例

某档案机构微信推文实例

下列推文是某年4月23日世界读书日当天推出的。属于应时性推文。

那些年，我们的读书笔记

档案人，关注记录、关注记忆、关注文化。今天，让我们一路同行，关注那些读书的记忆，读书的文化！

"身边永远带着铅笔和笔记本，读书和谈话的时候碰到一切美妙的地方和话语都把它记下来。记下重要的知识。如有不懂，可以再看一下。"——俄国文学家托尔斯泰

边读书边做笔记的好处，我想不用多说了，您能点进来阅读就已经说明了您是位爱读书的朋友。

不同的朋友在不同时候不同地点做读书笔记的形式或方法都不尽相同。今天是读书日，小档编辑为大家准备了一些读书笔记，有年少的，也有现在的，作为世界读书日的礼物送给您，欢迎点评哦！

- **书中批注：所思所感，一目了然**

这是从研究莆田文化的一位前辈那里征集来的，看着他的读书笔记，小档简直膜拜！

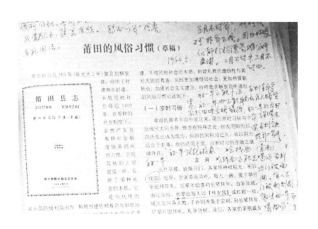

（笔记来源：李金贤）

哼哧哼哧读英文。

（笔记来源：陈祖芬）

• 笔记本记录：读书亦思考，读书也是读心

这是一位前辈的笔记：

（笔记来源：李金贤）

这是大学同学的笔记——在大四的笔记本里找到的。

（笔记来源：严华芬）

• 文摘卡笔记：著录清晰，可追溯

这张卡片的主人能静下心来细读《斯大林选集》，小档实在是佩服之至啊！

（笔记来源：施志勇）

• 励志笔记：催人奋进

20世纪80年代小学生的读书笔记，可爱吗？那时大家口中的张海迪姐姐现在已经快70岁了，已经是现在小朋友的张奶奶了。

（笔记来源：陈祖芬）

当然，随着技术的进步，现在的笔记常常是电子版的。

● 手机记录：移动笔记，随想随记

‹ 备忘录

2015年5月17日 下午1:08

深深地吸一口气接受现实，多么容易，又多么艰辛。相信我们所不愿承受的一切毕竟已经来临，然后，我们才能跟自己内心里受伤的灵魂交谈，和全世界握手言欢。

（笔记来源：陈祖芬）

● 电子文档批注：信息化工具，直观方便

（笔记来源：陈祖芬）

不管是那些年还是这些年，我们都做过好多读书笔记，有空的时候，再翻翻看吧！

那时的风、那时的雨、那床头的灯、那书桌上的绿植、那书吧里的猫、那公园中的蝶、那书中的精灵……

所有这些，一一呈现，难以忘怀。

51. 国际档案日

关键词

档案利用　个人业务档案　大事记

晚饭时，妈妈说，快到国际档案日了，单位要组织国际档案日宣传活动，主要希望通过各种活动让大众走近档案、了解档案，切实体会"档案就在身边"。

"国际档案日是哪一天？"

"2007年11月，为了庆祝2008年6月9日国际档案理事会（ICA）成立60周年纪念日，ICA全体成员在加拿大魁北克举行的年度全体会议上投票决定，将每年的6月9日定为国际档案日。"

"今天都5月10日了，还剩不到一个月的时间了，你们想怎么宣传啊？"

"还没想好啊，我这不是正想了解一下读者需求吗？小亮，你说说看？"

小亮耳濡目染，知道什么是档案，也觉得的确有必要让更多的人了解档案。说实在的，现在是多媒体时代，宣传活动最好能利用各种媒体，深入群众，并做到形式多样。他把自己的想法告诉了妈妈。

第二天，妈妈到单位与同事们一起，很快草拟了一份国际档案日的宣传方案。主要内容包括：组织征文活动，发放宣传挂图，发放《中国的世界记忆遗产》宣传册，编印《档案法律法规选编》，发放《解码尘封档案》《明朝档案揭秘》《清朝档案揭秘》《民国档案揭秘》等图书资料，举办档案法制知识讲座，在地铁站台和车厢显示屏播放宣传短片。

"嗯，看来还是挺丰富的，不过我不知道具体内容是什么，不好评价。我觉得只是发放宣传册和播放短片还不够，还可以组织一些互动游戏，比如到我们学校与同学们面对面交流，也可以把同学们带到档案馆体验一下。如果想让大家迅速了解与档案有关的知识，还可以像元宵猜灯谜那样找一个地方组织一次档案知识有奖竞答。面向老百姓的活动可得是有用并有趣的，答对一题就送一个小礼品。"

"不错嘛，我孙子现在很有想法啊！"听到小亮的一番高论，爷爷不禁夸起小亮来了。

"那当然！我还可以帮妈妈出几道有奖竞答题。"

看，下面这些题就是小亮出的，您会回答吗？

金匙

档案知识竞答题举隅

问：入团志愿书是档案吗？

答：肯定是。雯姐就因为差了这个，被人事部门叫去补齐。

问：现行中央机关的档案主要保存在哪里？

答：中央档案馆。具体而言，那里保存着具有全国意义的革命历史档案和中华人民共和国成立后党和国家中央机关的具有永久保存价值的档案。

问：我国现存最早的档案是用什么材料制作的？

答：当然是甲骨。

问：世界上现存最大的一份纸草档案是什么？

答：公元前1164年，埃及法老拉美西斯四世制成特大型纸草文件，文件记载其父拉美西斯三世在位期间的功绩和善行，现存伦敦不列颠博物馆。

问：世界上唯一的档案专业报纸是哪一种？

答：1995年《中国档案报》正式创刊，这是世界上唯一的档案专业报纸。作为中国人，我们为此自豪。

52. 激情燃烧的岁月

知青档案　专题档案

　　小亮的爷爷平时喜欢读书、看报、收藏。这不，几十年来，爷爷收集的邮票已经装了5大本集邮册。今天天气好，爷爷又在摆弄集邮册了。

　　"呀，这几套邮票好土啊！"

　　"土有土的魅力啊！小亮，这几套是知青邮票。每当看到它们，爷爷都会想起那段激情燃烧的岁月……"

　　"爸，我们馆最近正在征集知青档案，想做专题档案。您老有当年的照片、书信什么的吗？"小亮的妈妈闻声而动。

　　喜欢集藏的爷爷还真有自己当知青时留下的记录呢。且不说照片、书信，爷爷还有日记。在爷爷的日记里，小亮读到了爷爷奔赴农村时的激动，也读到了爷爷热火朝天劳作时的愉悦，还读到了爷爷与同学们的深厚友谊，更读到了爷爷盼望早日重返学校的焦灼。有一天，爷爷在日记中写道："我昨晚发现志兴在看书，不知道他在看什么书，就特别想跟他一起看。我明天一定要找他借。"

　　听爸爸说，爷爷是"老三届"，当年可是班里的"学霸"，因为"文化大革命"而中断学业。后来又因为家庭的原因，没有再去考大学。但无论条件多么艰苦，爷爷仍然坚持找书读，还写了一手好字。爷爷现在还是滨海市老年书法家协会的副会长呢！

是啊，其实小亮一直都挺佩服爷爷的。在他看来，像爷爷这样的人生才是值得自豪的人生。

那妈妈说的"把知青档案做成专题档案"是什么意思呢？原来专题档案是围绕一个专门研究或讨论的具有重要历史价值的社会实践过程而收集形成的具有密切有机联系的档案整体。一般来说，专题档案的主题都是要经过反复论证的，档案馆认为很有价值时才会去做，例如滨海市档案馆要做的知青档案专题。因为知青档案是我国特殊历史时期的产物，如果不专门整理，它们往往散落在各处。档案馆里有一点，民众家里有一点，旧书报市场也有一点，现在不及时整理，今后就更难了。正是这份历史责任感和社会责任感驱使滨海市的档案人积极投身于知青档案的收集整理工作。他们觉得能用档案表现滨海市知识青年上山下乡的史实，为后人了解这段历史留下较为翔实的资料。当然，专题档案的主题还有很多，如南京大屠杀专题档案、汶川地震专题档案、北京奥运会专题档案、苏州丝绸专题档案等。

参考文献

[1]王上铭、蔡亚萍、吴建华：《专题档案概念辨析与界定》，《档案学通讯》2015年第5期。

[2]福建省档案馆编：《福建知青照片档案》，福建人民出版社，2009年。

53. 红色的回响

关键词

档案文化　红色档案　档案展览

小亮放学回家，家里一个人都没有，他正要给爸爸打电话，就听到开门声，爷爷奶奶爸爸妈妈陆续走进了房间。

"啧啧，那些老物件看着好有感觉啊。现在想起我还是激动万分！"爷爷一边走，一边嘟囔，手还比画着。

"真的是不容易啊。小亮，你可一定要好好学习，不要丢了中国人的脸。"看见小亮，爷爷还不忘嘱咐两句。小亮不知所措，只能看向奶奶和妈妈。

"你啊，说话总是说一半。你看孙子都不知道怎么回答了。"奶奶看出来小亮的窘迫，接话道，"今天你妈妈带着我们去看了档案馆举办的红色档案展览，你爷爷就激动了，希望你好好学习，不要辜负了那些先辈们"。

一提到档案展览，小亮马上来了兴致，赶忙问道："红色档案展览？是展出抗战时期的档案吗？"

"红色档案通常是革命历史档案，是指我国革命时期中国共产党及其领导下的人民政权、团体、军队、企事业单位在革命活动中形成档案的总称，但从广义上来看，也指记录和反映在中国共产党领导下，在新民主主义革命时期、社会主义革命和建设时期、改革开放和社会主义现代化建设新时期、中国特色社会主义新时代所形成的具有历史价值、教育意义、纪念意义的档案资料。"妈妈补充说道，"红色档案展览就是这些档案的展览。"

"你这个定义虽然还算准确，但是没有体现红色档案的重要意义。"爷爷听完妈妈的解释，连忙说，"小亮啊，你要记住，中华民族曾经经历了一段屈辱的岁月，而红色档案正是对我国在那段屈辱岁月中顽强抗争的直接记录，它不仅记录了这百年间的辉煌成就，还记录了艰苦的奋斗历程，里面蕴含着丰富的红色精神。这些需要你自己认真体会。"

"那我理解了。我们学校最近也在组织学习红色精神，老师也让我们查阅这方面的资料。"小亮说，"这些红色档案不正好可以作为我们学校开展红色教育的资料吗？"

"那是当然，我们档案馆对于红色档案的态度可不仅仅停留在保管好上，我们还要利用好。要充分挖掘红色档案的价值，采用多种形式进行开发。"妈妈总结道，"你们学校开展红色教育，也可以来与我们档案馆合作，利用馆内资源，丰富红色教育的形式。"

"妈妈，您这个主意好，我明天就去找老师，看看能不能带着我们全班一起去看展览！"小亮听到妈妈的话，激动得差点跳了起来。

"可以啊，现在针对红色档案资源的开发形式是多样的，线下展览只是其中一种。还有很多档案馆充分利用互联网资源举办线上红色展览。你们要是有兴趣，随时都可以来参观。"妈妈说道。

不等小亮回答，爷爷就拉着小亮说："小亮，走，咱们一起去线上看一看。爷爷还意犹未尽呢，就让这红色回响在咱们家里再响一会儿！"

"好嘞，爷爷，我去开电脑！"小亮答应着，跑进了房间，准备迎接红色洗礼。

名言

　　档案工作存史资政育人，是一项利国利民、惠及千秋万代的崇高事业……要把蕴含党的初心使命的红色档案保管好、利用好，把新时代党领导人民推进实现中华民族伟大复兴的奋斗历史记录好、留存好，更好地服务党和国家工作大局、服务人民群众！

习近平

参考文献

［1］张雷珍：《论红色档案的当代价值及其实现路径》，《浙江档案》2022年第5期。

［2］倪丽娟：《红色档案资源开发与公民国家记忆培育》，《档案学研究》2022年第4期。

［3］蔡元洋、王遐见：《论我国红色档案资源建设现代化的推进策略》，《档案与建设》2022年第9期。

54. 金榜题名

关键词

档案遗产　文献遗产　《中国档案文献遗产名录》《世界记忆遗产名录》

"小亮，咱小区出状元了！楼上李叔的女儿佳佳今年金榜题名，考上了北京大学！"奶奶一进屋就讲开了。

"我平时就觉得佳佳这孩子不错，可有礼貌了。"爷爷向来喜欢佳佳。

"你们又想刺激我？没事，我'免疫'。不过，爷爷、奶奶，你们见过'金榜'吗？"小亮嘻嘻哈哈，没个正经。

爷爷、奶奶面面相觑，看来这小孙子今天是不服气啊，还考起爷爷、奶奶来了。

"不知道吧。上次去北京，妈妈带我到第一历史档案馆参观过。清代金榜是揭晓殿试名次的榜单，在黄纸上书写考中进士者的名次、姓名、籍贯，以皇帝诏令的形式下达。清代，文科大金榜张挂于东长安门，武科大金榜张挂于西长安门，三天后收回宫中。现在，它们不仅是中国档案文献遗产，还列入《世界记忆遗产名录》呢！"

"是啊，清代大金榜是我国宝贵的文献遗产。小亮，记性不错！"

小亮受到鼓励，就仔细了解了《中国档案文献遗产名录》和《世界记忆名录》。不看不知道，一看还挺长知识的。

2000年，为唤醒和加强全社会的档案文献保护意识，有计划、有步骤地开展抢救、保护中国档案文献遗产，国家档案局正式启动了"中国档案文献遗产工程"。到2015年，已认定了包括"清代金榜"在内的4批142件中国档案文献遗产。《世界记忆遗产名录》简称《世界记忆名录》，收编的是符合世界意义入选标准的文献遗产，是世界记忆工程的主要名录。到2015年，中国列入《世界记忆遗产名录》的档案文献有10件。

其实，争取列入遗产名录并不是目的，在这个过程中，这些珍贵的文化遗产能得到人们的重视才是关键。

链接

中国档案文献遗产名录

第一批（2002年）

序号	档案文献遗产名称	序号	档案文献遗产名称
1	尹湾汉墓简牍中的西汉郡级档案文书	8	明代"金书铁券"
2	《宇妥·元丹贡布八大密诀》手写本	9	明代徽州土地产权变动和管理文书
3	唐代开元年间档案	10	明代谏臣杨继盛遗书及后人题词
4	西夏文佛经《吉祥遍至口和本续》	11	清代皇帝对鄂尔多斯蒙古王公的诰封
5	元代档案中有关西藏归属问题的档案	12	清代玉牒
6	元代第七任帝师桑结贝给塔巴贝的封文	13	清代金榜
7	《明太祖洪武二十五年实录稿本》（部分）	14	清代宋溪所著《剿抚澎台机宜》

续表

序号	档案文献遗产名称	序号	档案文献遗产名称
15	清代阿拉善霍硕特旗档案	28	永州女书档案文献
16	《般若波罗蜜多经八千颂》档案文献	29	中国北方地区早期商会档案
17	康熙、雍正、乾隆三朝皇帝给土尔扈特部落的敕书	30	汤寿潜与保路运动档案
18	清代五大连池火山喷发满文档案	31	苏州商会档案（晚清部分）
19	清代获鹿县永壁村保甲册	32	兰州黄河铁桥档案
20	清代秘密立储档案	33	《京张路工摄影》
21	江南机器制造局档案	34	清代吉林打牲乌拉捕贡山界与江界全图
22	清代《八省运河泉源水利情形总图》	35	贵州省"水书"文献
23	清代《清漾毛氏族谱》	36	云南护国首义档案
24	清代吉林公文邮递实寄邮件	37	孙中山手迹——"博爱"题词
25	中国近代邮政起源档案	38	孙中山手稿——致日本友人犬养毅函稿
26	大生纱厂创办初期的档案	39	中山陵档案
27	汉冶萍煤铁厂矿有限公司档案	40	广州中山纪念堂建筑设计图纸

续表

序号	档案文献遗产名称	序号	档案文献遗产名称
41	民国时期的中国西部科学院档案	46	中印两国总理联合声明中方草案
42	钱塘江桥工程档案	47	周恩来总理在亚非会议全体会议上的补充发言（手稿）
43	抗战时期华侨机工支援抗战运输档案	48	纳西族东巴古籍
44	老舍著《四世同堂》手稿	49	清代内阁秘本档中有关17世纪在华西洋传教士活动的档案
45	中华人民共和国开国大典档案	/	/

第二批（2003年）

序号	档案文献遗产名称	序号	档案文献遗产名称
1	利簋	7	明代徽州江氏家族分家阄书
2	焉耆——龟兹文文献	8	戚继光签批的申文
3	唐代"谨封"铜印档案文献	9	史家祖宗画像及传记、题跋
4	明代洪武皇帝颁给搠思公失监的圣旨	10	彝族文献档案
5	《大明混一图》	11	清初世袭罔替诰命
6	《永乐大典》	12	清代四川南部县衙门档案文献

续表

序号	档案文献遗产名称	序号	档案文献遗产名称
13	四川自贡盐业契约档案文献	25	清代内蒙古垦务档案
14	清代"样式雷"图档	26	大清国致荷兰国国书
15	长芦盐务档案	27	清代呼兰府《婚姻办法》档案文献
16	英国国王乔治三世致乾隆皇帝信	28	孙中山与南京临时政府档案史料
17	林则徐、邓廷桢、怡良合奏虎门销烟完竣折	29	清宣统皇帝溥仪退位诏书
18	"日升昌"票号、银号档案文献	30	韩国钧《朋僚函札》档案文献
19	图琳固英族谱	31	《共产党宣言》中文首译本
20	江汉关档案文献	32	百色起义档案史料
21	清代末年至中华人民共和国成立前九龙关管辖地区图	33	中国工农红军长征档案文献
22	昆明教案与云南七府矿权的丧失及其收回档案文献	34	冼星海《黄河大合唱》手稿
23	吐鲁番维吾尔郡王额敏和卓及其后裔家谱	35	民间音乐家阿炳6首乐曲原始录音
24	上海总商会档案	/	/

第三批（2010年）

序号	档案文献遗产名称	序号	档案文献遗产名称
1	四川省凉山彝族自治州毕摩文献	12	清代同治年间绘制的《六省黄河堤工埽坝情形总图》
2	敦煌写经	13	清代黑龙江通省满汉文舆图图说（同治年间）
3	《（新刊）黄帝内经》	14	清代黑龙江地方鄂伦春族满文户籍档案文献（同治、光绪年间）
4	《本草纲目》（金陵版原刻本）	15	李鸿章在天津筹办洋务档案文献
5	锦屏文书	16	清末云南为禁种大烟倡种桑棉推行实业档案文献
6	清初满文木牌	17	延长油矿管理局"延1井"（陆上第一口油井）专题档案
7	清代庄妃册文	18	山西商办全省保晋矿务有限总公司档案文献
8	清代雍正皇帝为指派康济鼐办理藏务事给达赖喇嘛的敕谕	19	苏州市民公社档案
9	清代四川巴县档案中的民俗档案文献	20	晚清、民国时期百种常熟地方报纸
10	清代嘉庆皇帝为确立达赖灵童事给班禅活佛的敕谕	21	辛亥革命武昌起义档案文献
11	侨批档案	22	浙军都督府汤寿潜函稿档案

续表

序号	档案文献遗产名称	序号	档案文献遗产名称
23	民国时期筹备三峡工程专题档案	27	湘鄂赣省工农兵银行发行的货币票券
24	孙中山葬礼纪录电影原始文献	28	侵华日军南京大屠杀相关专题档案
25	八一南昌起义档案文献	29	茅盾珍档——日记、回忆录、部分小说及书信、随笔等手稿
26	南京国民政府商标局商标注册档案	30	浙江抗日军民救护遇险盟军档案

第四批（2015年）

序号	档案文献遗产名称	序号	档案文献遗产名称
1	甘肃秦汉简牍	7	明万历年间泸定土司藏商合约档案
2	四川省阿坝藏族羌族自治州茂县羌族刷勒日文献	8	赤道南北两总星图
3	宁化府益源庆历史档案	9	贵州布依族古文字档案（贵州布依文古籍）
4	鄂尔多斯左翼后旗台吉家谱	10	盛京内务府册档
5	孔子世家明清文书档案	11	首届会供仪仗彩绘长卷
6	《四部医典》（金汁手写版和16～18世纪木刻版）	12	五当召蒙古文历史档案

序号	档案文献遗产名称	序号	档案文献遗产名称
13	《尺度经·智者意悦》（稿本）	22	张静江有关孙中山临终病情及治疗情况记录
14	清代册封扎萨克世袭多罗达尔罕贝勒的册文	23	"慰安妇"——日军性奴隶档案
15	四川自贡岩口簿档案文献	24	卡瓦山佤族酋长印谱
16	晚清民国龙泉司法档案	25	中国解放区救济总会档案
17	开滦煤矿档案文献	26	民国时期南京户籍卡档案
18	近现代苏州丝绸样本档案	27	解放战争时期临朐支前《军鞋账》
19	保定商会档案	28	中华人民共和国第一届全国人民代表大会第一次会议档案
20	孙中山、胡汉民、廖仲恺给戴季陶的题字	29	南京长江大桥建设档案
21	近现代上海华商四大百货公司档案汇集	/	/

链接

列入《世界记忆遗产名录》的中国档案文献

序号	档案文献名称	列入年份
1	传统音乐录音档案	1997
2	清朝内阁秘本档	1999
3	纳西族东巴古籍	2003
4	清代大金榜	2005
5	清代"样式雷"建筑图档	2007
6	《本草纲目》	2011
7	《黄帝内经》	2011
8	侨批档案——海外华侨银信	2013
9	元代西藏官方档案	2013
10	南京大屠杀档案	2015
11	清代澳门地方衙门档案（1693—1886）	2017
12	近现代中国苏州丝绸档案	2017
13	甲骨文	2017

55. 走进数智时代

关·键·词

数智技术　档案事业

最近，小亮发现妈妈越来越忙了——问她在干什么，她总是说在开会。这不，刚吃完饭，亮妈就说："儿子，今天你洗碗，妈妈有一个线上的学术会议要开始了。"

这回终于逮着机会看妈妈开什么会了。小亮洗完碗，蹑手蹑脚地溜到妈妈的房间，偷偷一瞧：妈妈还真在开线上会议。小亮隐约听到几句"数智技术"什么的。他心想，哇，老妈最近怎么这么"潮"，竟然研究起数智技术了。

还真别说，这事就是真的。最近，亮妈明显感到自己的知识在老化——如果再不充电就要被时代、被她热爱的档案事业抛弃了。所以，最近她一直在如饥似渴地学习新知识、新技术。大数据、人工智能、云计算、区块链、移动互联都属于数智技术，它们对档案事业的发展有巨大的推动作用。拿亮妈工作的滨海市档案馆来说，这几年就正在进行着从数字档案馆到智慧档案馆转型的变革。

那么，数智时代给档案工作带来什么变化呢？亮妈总结了五大变化：

一是档案管理对象开始数智化，经历着从纸质档案到电子档案，再到数字档案、档案数据等变化。

二是档案业务开始数智化，经历着从档案实体管理到信息管理、内容管理，再到知识管理、智慧管理等变化。

三是档案管理手段开始数智化，经历着从人工处理到自动化处理、信息化处理，再到数据化处理、智能化处理等变化。

四是档案服务方式开始数智化，经历着从实地查询到数据库检索、目录级展示，再到全文可视化呈现，内容开发、数据化服务等变化。

五是档案文化传播方式开始数智化，经历着从期刊、图书到各种电子屏幕传播，再到云传播、智能传播、智慧传播等变化。

亮妈真是小亮的好榜样！小亮太佩服自己的"智慧"妈妈了。

微言

　　档案馆"整体智治"的目标是：全局"一屏掌控"、指令"一键智达"、执行"一贯到底"、服务"一网通办"、监督"一览无余"。档案馆应当将数字赋能作为手段而非目的，以数据流整合决策流、执行流、业务流，从整体上推动档案馆工作体系重构、业务流程再造、制度规则重塑，实现治理体系和治理能力现代化。

浙江省社会科学院党委委员、浙江省地方志办公室主任、研究馆员　郑金月

后　记

2018年，《揭开档案的面纱》一书面世后，有很多朋友找我，想购买此书。多年过去了，我偶尔还会接到这样的需求。或许，在大家的眼中，档案还有那么一点神秘。这让我萌生了继续创作档案科普的念头。

这次创作基本延续了前几年的思路，以"识档""存档""护档""查档""用档""爱档"为线索，只是把原来的"整档"调整为"存档"。故事仍然围绕中国滨海市（虚构的城市）里一个五口之家（爸爸是室内装饰设计师，妈妈是档案馆工作人员，爷爷喜欢读书、看报、收藏，奶奶喜欢做饭，"我"叫小亮，是一名高中生）的日常生活展开。书中短文讲述的都是这家人和他们身边的亲戚、朋友、邻居、同事等遇到的与档案相关的事情。故事中所涉及的地名、人名、单位名称、事件都是虚构的，如有重名或相似，纯属巧合，请勿对号入座。

从大学本科学习档案学至今，我耕耘在档案学领域有30年了。虽然有了上次撰写档案科普图书的经验，但是当我再次上马时，还是有点忐忑，生怕大家不愿意读或者读不下去。这次本书的行文风格没有做大的调整，就是增加了一些新的档案知识，有些故事还有意识地反映了这些年档案工作的变化，希望能为您展示新时代档案工作的新面貌。

本书得以出版，要感谢国家社会科学基金结余经费和莆田学院配套结余经费的资助。同时，还要感谢我的硕士生——福建师范大学社会历史学院的楚一泽、刘佳美和葛博强，他们也参与了这次科普创作的稿件整理工作。

　　兰台为业，情怀依旧。谨以此书献给这一路上支持我进行档案科普创作的老师、同学、好友、同事和学生，还有关心、关注此书的读者们！现代生活的节奏很快，在城市的一隅，当您拥有片刻闲暇，就可以在标题和关键词的引导下，静静阅读这些短文。如果本书能给您带来意外的收获，将是我莫大的荣幸；也期待您提出宝贵意见。

　　　　　　　　　　　　　　　　　　　　　　　　陈祖芬
　　　　　　　　　　　　　　　　　　　2022年冬于莆阳紫霄山下